Marie-José Segura

Le monde des songes

Editions [MiC_MaC]

ISBN : 978-2-917-460-726

Imprimé en France par EMD

Pour Jonathan et Chloé, mes amours

« On est ce que l'on fait »
André Malraux

PREMIÈRE PARTIE

LES ÉPREUVES

Prologue

Une mouche frétilla quelques instants au-dessus d'une masse rose et boursouflée puis décida de s'y poser. Elle sirota avec délice les quelques gouttes de bière qu'elle y découvrit, étira ses ailes et commença à se promener. Une frange de fils noirs et épais attira son attention. Elle pourrait y gratter son dos, qui la démangeait depuis un moment. Mais à peine eut-elle frôlé la bande soyeuse que cette dernière papillonna fortement. Un grognement s'éleva et une main s'abattit. La mouche eut juste le temps de s'envoler en zigzaguant. Elle était déjà ivre.

Pépin hurla de douleur. Il s'était giflé le visage, plus exactement l'œil droit. Il avait fait le même geste dans son rêve, mais pour frapper la boule de pâte qui finirait dans son four et se transformerait en un délicieux pain rond. Heureusement que ce satané insecte l'avait réveillé. Il n'avait pas le droit de s'endormir et encore moins de boire. Pas de chance, ce soir, c'était à son tour de garder le puits qui abritait le cristal du village. La pierre, conçue par leur druide, était surveillée jour et nuit, sans relâche. Elle diffusait des rayons très précieux qui rendaient le monde des lutins invisible aux yeux des étrangers.

Pépin, inquiet, se redressa avec précipitation et souleva quelques fougères. Une lumière diffuse apparut aussitôt à travers les vieilles lattes de bois qui bouchaient l'entrée du puits. Le cristal était toujours là.

Heureusement.

Il poussa un soupir de soulagement. Aïda, le druide, ne lui pardonnerait jamais de manquer à son devoir. La pierre représentait tant pour le village. Si elle apprenait qu'il avait bu…

Il redressa son oreille pointue. Les bruits de la fête arrivaient jusqu'à lui. Comme ils devaient bien s'amuser pendant que lui, ici, s'ennuyait ferme !

Trois vallons plus loin, au-delà de forêts serrées envahies de sapins bleus, derrière la première cime enneigée, dormait une jeune femme. Elle n'était pas seulement belle. Elle était magnifique. Des boucles d'un noir éclatant effleuraient sa peau délicate avant de se répandre sur sa couche et de s'écouler en vagues sur le sol. Deux autres jeunes femmes, tout aussi ravissantes, étaient penchées sur son visage. L'une d'elles, une jolie blonde, s'approcha de sa bouche pâle, presque transparente, pour y présenter son oreille. Son regard s'assombrit.

– Elle est en train de mourir, chuchota-t-elle à sa sœur, la belle rousse qui se tenait à ses côtés. Son souffle est un murmure.

– Notre cadette est résistante. Sa méchanceté l'a sauvée à plusieurs reprises.

– Pas cette fois. Agapande s'enfonce chaque jour dans un sommeil de plus en plus profond. Je crains qu'elle ne souffre de la Somniféra.

– Alors elle est perdue, dit d'une voix tranchante la rouquine, moins charitable que son aînée. Tu sais que cette maladie n'épargne aucune fée.

– Nous devons avertir Aïda au plus vite. Je n'aime pas ça du tout.

– Majestés ! Excusez cette intrusion, annonça un oiseau géant en pénétrant brusquement dans la chambre. On a retrouvé le Grand Victor, votre serviteur, inanimé. Rien ne le réveille !

1 - Une soirée décisive

– Tu te sens prêt ? demanda Pilgrin, qui partageait avec Odin le même gâteau de légumes, au fumet délicat.

– Pas vraiment. Pourquoi ne pouvons-nous pas subir les épreuves habituelles ? Mes frères ont surmonté tous les obstacles à tour de rôle. Et je suis plus fort qu'eux. Courir dix fois autour du village, grimper sur les trente plus hauts sapins et se jeter du pont dans la rivière, rien n'est plus facile !

– Tu sais très bien qu'Aïda ne veut plus entendre parler de ces exercices ! intervint Ysaline. D'ailleurs, moi non plus. Elle veut de la nouveauté pour le passage initiatique de nos treize ans !

Les deux jeunes garçons se tournèrent vers leur compagne et laissèrent courir leurs yeux sur sa bouche boudeuse puis sur sa chevelure. Les lampions projetaient des reflets particulièrement séduisants sur ses boucles d'or. Consciente de l'effet qu'elle leur faisait, Ysaline se sentit gênée et détourna le regard.

Pilgrin repoussa une de ses encombrantes mèches rousses et engloutit une part de pâté. Son amitié pour Odin l'empêchait de déclarer sa flamme à la jeune fille. Mais il savait au fond de lui-même qu'il avait ses chances, même si pour l'instant Ysaline ne manifestait aucune préférence entre son ami et lui.

– Cette initiation ne devrait plus exister ! fit-il en piquant nerveusement un beignet avec sa fourchette. À quoi sert-elle, je vous le demande ?

– Soi-disant à nous rendre plus courageux et plus dévoués. Plus proches de l'âge adulte, sourit Odin.

– Des histoires, tout ça, rétorqua Pilgrin. Que l'on raconte aux petits pour s'amuser à leurs dépens et se donner une raison de faire la fête.

– Je me demande pourquoi notre druide a voulu changer les règles, lança Odin au bout d'un moment. Je ne dors plus depuis trois nuits. J'ai besoin de savoir ce qui nous attend. Je n'accepte pas qu'elle nous laisse ainsi, dans l'ignorance !

Tout en pensant à Aïda, le druide du village, le lutin fixait, perplexe, les danseurs qui tournaient autour d'eux. Il les regardait sans les voir tomber les uns après les autres sous le charme de la musique de la Lutania. Depuis des générations, cette danse ancestrale faisait s'envoler les lutins dans des tourbillons affolés et affolants. Le but du jeu était de rester le plus longtemps debout. Le dernier couple en piste était déclaré gagnant. Pour l'instant, huit lutins résistaient encore au vertige et tentaient de remporter la palme, sous les applaudissements encourageants et les sons élastiques de la flûte et de la cornemuse.

– Les villageois sont venus particulièrement nombreux, ce soir, vous ne trouvez pas ? constata Odin.

– Normal. Les soirées initiatiques deviennent de plus en plus rares, fit remarquer Ysaline.

– Vous oubliez que la magie n'a plus été utilisée depuis très longtemps ! s'exclama Pilgrin. Il est évident qu'elle les attire, plus que la fête elle-même.

– La dernière fois que quelqu'un a vu Aïda lever les bras vers le ciel pour projeter ses fameux éclairs étincelants remonte à treize années de lutin : ce spectacle suffit à exciter la curiosité ! intervint Yezalin, le père d'Odin.

Il venait de prendre place à leur table. Devant leurs regards interrogatifs, il ajouta :

– C'était lors de la dernière guerre. Celle que l'on a nommée la guerre de Manakiel. Elle a ravagé une bonne partie d'Harahélin, notre village. Demandez aux anciens : ils vous raconteront.

Odin, toujours rêveur, s'informa :

– Père, penses-tu que la rumeur soit vraie ? Il paraît que nous boirons une potion magique de sa fabrication.

– Tu parles de notre druide ? Je n'en sais fichtrement rien !

– J'ai aperçu plusieurs fois de la fumée sortir de la cheminée de son abri. Elle passait du vert au rouge, suivant la couleur du ciel ou des nuages, confia Ysaline. Aïda avait calfeutré toutes les fenêtres, et même la serrure. Pas moyen de capter un quelconque bout de formule magique, le moindre « pouf ! » de lumière anormale. Pourtant ce n'est pas faute d'avoir tenté de la surprendre.

Tout en parlant, la fille de Néparin plongea sa main dans un gratin aux champignons. Elle en retira une sauterelle qui se régalait d'un brin de romarin.

– Allez file, vilaine gourmande ! dit-elle à la bestiole avec tendresse.

Comme tous ceux de son peuple, Ysaline avait une faiblesse

pour les êtres miniatures. Elle souffla sur les ailes de l'insecte qui, surpris, montra aussitôt son mécontentement. Ses antennes tournoyèrent furieusement dans tous les sens et improvisèrent un petit air de violon stridulé.

Pilgrin se pencha pour compter les sautillements de la bestiole avec la pointe de son nez retroussé, mais elle disparut derrière une jarre fumante remplie de soupe au potiron.

– Je veux bien avaler la mixture de notre druide, ironisa-t-il. Mais seulement si elle a un goût de menthe ou de fraise ! Et surtout pas celui d'un insecte quelconque. Imaginez un peu le goût de la punaise ! Pouah !

– À mon avis, tu rêves, mon petit.

Yezalin se redressa et précisa sa pensée :

– Tu auras droit à la punaise. Aïda use et abuse d'herbes, d'insectes et de plantes, quelle que soit la préparation qu'elle fabrique : poudre, crème, lotion ou alcool pour soigner les douleurs. Et ses remèdes ne sont guère appétissants, je peux te le jurer. Bon, je vous laisse. Je rejoins ta mère, mon Odin. À plus tard pour l'initiation. Et ne faites pas cette tête-là ! Il ne vous arrivera rien de méchant.

– Qu'en sais-tu ? répondit Odin.

Yézalin lui fit un clin d'œil avant de se lever. Pilgrin en profita pour réajuster, sous son bonnet de pommes de pin, une mèche rebelle et chatouilleuse, celle que sa mère avait vainement tenté de couper le matin même. Puis il repoussa son écuelle en ardoise et saisit la main de sa voisine.

– Allez, viens danser la Lutania avec moi, mon Ysaline ! Nous allons leur montrer ce dont les jeunes sont capables.

Plongée dans ses pensées, la lutine se laissa faire. Odin colla sur son doigt une miette de pain aussi dorée que ses cheveux et mordit sa lèvre inférieure. Mince ! Son ami avait été plus rapide que lui. Il se voyait bien, lui aussi, gagner la Lutania avec Ysaline.

Déçu, il jeta un œil par-delà la place du village où se déroulait la fête, sur les façades des premières maisons. Les habitations tarabiscotées se cachaient derrière d'épais feuillages, des lianes emmêlées, ou les racines noueuses des sombres sapins de la forêt Manakiel. Le regard du lutin débusqua un petit pont suspendu enfoui dans un amas de végétaux et de fleurs séchées. Toute cette architecture sophistiquée avait pour but de dissimuler le village aux yeux des importuns. Les plus à craindre étaient sans nul doute les fées ou les sorcières, leurs plus proches voisines, car elles pouvaient trouver le cristal et le détruire. Alors, les lutins redeviendraient visibles et vulnérables.

Le désordre de verdure et de broussailles finit par lasser Odin. Son attention revint vers la fête, guidée par la musique cadencée et l'odeur suave des grillades. Les lutins s'activaient dans tous les sens. Excités et entraînés par le rythme endiablé de la Lutania, ces petits êtres malicieux, hauts comme la moitié d'un homme, se pressaient autour des mets et des boissons, se bousculaient devant les conteurs de blagues ou les jeux de lutte, et s'affrontaient aux cartes ou aux bras de fer.

– Allez, Odin ! Arrête de rêver et rejoins-nous, cria Ysaline qui agitait la main depuis l'estrade.

2- L'Élixir magique

Une plainte longue et rauque surgit brusquement dans la nuit, d'une trompe sans doute, et couvrit le bruit ambiant.

Odin sortit de sa torpeur et se redressa, surpris. L'atmosphère prit soudain une couleur différente. Les bruits de la fête s'apaisèrent lentement les uns après les autres, les sons de la forêt aussi. On entendit une porte grincer. Le petit peuple arrêta de danser et de festoyer pour contempler une grande et vieille souris rousse qui sortait lentement de sa demeure : Aïda, le druide, s'avançait au milieu de ses sujets. Impressionnés, les lutins s'écartèrent pour laisser passer leur chef, qui les dépassait tous d'une bonne tête. Son magnétisme leur imposait un respect total. Elle était si surprenante avec son museau effilé et ses deux grandes oreilles en feuilles de chou.

Le moment de la soirée le plus attendu, mais aussi le plus redouté, était enfin arrivé.

Une voix profonde et enveloppante s'élança dans la nuit pour rebondir sur les sapins avant d'être emportée par la brise nocturne. L'air vibra sous les inflexions qui jaillirent de la gorge ridée.

– Mes amis, l'heure des épreuves va commencer ! Comme vous le savez, j'ai décidé de changer le déroulement des compétitions. Il faut bien avouer qu'elles ne nous surprennent plus ! Depuis des années, le parcours n'a pas évolué : sauts dans la rivière, courses, combats factices, grimpettes dans les arbres jusqu'aux cimes. Bref du déjà-vu, du connu, du facile ! J'ai donc préparé un nouvel élixir.

Aïda fit une pause, comme pour reprendre son souffle.

– Que s'avancent Odin, Ysaline et Pilgrin, les trois enfants qui fêtent leur treizième printemps ! Nos futurs héros d'un soir ! déclara-t-elle aux villageois avec l'autorité et la supériorité qui étaient siennes.

La souris fixait intensément les trois petits lutins. Ces derniers affichèrent un air embarrassé et se blottirent les uns contre les autres. L'inquiétude se peignait en demi-teinte sur leurs visages.

– N'ayez pas peur, jeunes enfants ! Si l'heure est grave et si cette soirée est la plus importante de votre existence, sachez que nous sommes tous ici présents pour vous soutenir et pour vous protéger. Vous prendrez ce breuvage. Il vous aidera à surmonter les épreuves qui vous attendent. Tenez, buvez ! dit doucement Aïda avec persuasion.

D'un geste tendre, elle caressa le visage d'Odin, puis celui d'Ysaline. Puis elle tendit trois chopes d'où s'échappait le gargouillis d'un breuvage noirâtre et visqueux. A priori, ce n'était ni de la menthe, ni de la fraise. C'était plutôt « beurk ! », noir et agressif. Des bulles se faisaient la courte échelle pour atteindre le rebord des récipients. Heureuses d'atteindre la liberté, elles éclataient et mouraient en des « patchs » fort désagréables. Les trois nez penchés pour renifler se redressèrent très vite devant la petite attaque sournoise. Trois grimaces déformèrent les narines, et les bouches esquissèrent des moues tordues de dégoût. Les parents et les amis s'approchèrent doucement, curieux.

– Allez, les enfants, un peu de courage ! Que diable ! lâcha Aïda, un sourcil dressé en signe de mécontentement face à l'hésitation des jeunes lutins.

Ces derniers cherchèrent du regard leurs parents. Odin crut lire de l'impatience dans les yeux de son père et de sa mère Laurine. Ils avaient élevé leur dernier fils comme les précédents, c'est-à-dire en suivant les principes qui leur tenaient à cœur. Et ils étaient fiers de constater qu'Odin grandissait en devenant le plus courageux et le plus sage de tous les enfants d'Harahélin. Pourvu qu'il se montre digne face aux attentes d'Aïda.

– Vas-y, mon petit ! Nous sommes avec toi ! acquiesça Yezalin, d'un ton encourageant.

Odin saisit brusquement le bol qui était placé tout près de lui. Il le contempla une dernière fois avec suspicion, aspira un grand coup et avala son contenu d'un seul trait, sans respirer. Un goût de vase envahit aussitôt sa bouche, son palais et son nez. Le liquide s'accrocha à sa gorge, coula lentement vers son estomac, puis s'étira comme un chat dans son ventre. L'esprit confus, Odin entrevit vaguement un clair de lune sur fond de marécage sombre. Des dizaines de grenouilles le hantaient et plongeaient dans des eaux noires et soufrées. Elles ressurgissaient pour coasser à tue-tête, malheureuses. Il exhala un souffle amer et fut pris d'une terrible nausée. Mais il redressa la tête, fier.

La très jolie Ysaline, brûlante de curiosité, lui jeta un regard interrogateur et le détailla avec méfiance. Odin lui renvoya un sourire encourageant. A priori, il avait l'air d'aller plutôt bien. Son visage était peut-être un peu pâle. Et son sourire un peu anémié…

Ysaline passait aux yeux de tous pour un garçon manqué alors que sa féminité n'en laissait rien paraître. La jeune fille avait de longs cheveux blonds, coiffant un visage farouche à la bouche dessinée comme un fruit mûr, et à la peau délicate. Sa chevelure retombait souplement sur sa taille de guêpe. Ses yeux de braise interrogèrent Aïda en silence. Cette soirée la troublait et elle aurait bien aimé se voir ailleurs. Pourquoi pas en robe coquette en train de cueillir des pâquerettes inoffensives ou de virevolter au milieu d'innocents papillons ? Elle caressa brièvement l'idée de s'enfuir. « Quelle drôle d'idée, cette initiation pour les jeunes ! Qui a inventé cette fête ? Et dans quel intérêt ? », se demanda-t-elle furtivement. Elle regarda la foule des lutins qui l'observaient avec attention. Personne n'entendait les interrogations muettes de ses yeux et comme bien sûr personne n'y répondrait, elle se résigna à boire la mixture à son tour, le cœur vibrant et les doigts crispés.

Elle regretta aussitôt son geste. Au fond de son estomac, un flottement se produisit. Elle eut la vision d'une dizaine d'alevins s'acharnant autour d'un hameçon orné d'un ver de vase. Elle dérivait dans une eau trouble et bouillonnante, au milieu de ce spectacle pour le moins insolite. Soudain, elle hoqueta méchamment. Ses jolis yeux devinrent vitreux, comme ceux d'un poisson mort.

Au même moment, une explosion de rires fit écho à la grimace éloquente qui déformait le visage de Pilgrin. « Il nous fait un numéro de clown, ce petit ! », pensa Aïda en se demandant si le lutin était un frimeur ou un farceur. Elle ne le connaissait guère, après tout.

Satisfait de son petit effet, Pilgrin but courageusement sa potion, les deux mains agrippées au gobelet, comme s'il ne voulait en perdre aucune goutte. Il poussa même le plaisir jusqu'à se lécher les babines dans un soupir d'aise, une fois qu'il eût avalé la dernière gorgée.

Mais le coquin se vit bientôt au bord d'une arête vertigineuse, avec au bout de ses bottines un précipice abyssal. Des pierres glissaient de la falaise abrupte et tombaient dans l'abîme profond. Attirées par le vide, ses jambes devenaient molles et la tête lui tournait. Pourtant, dans un soubresaut, Pilgrin atterrit sur terre au milieu des siens, saisi par un violent vertige.

Les villageois retenaient leur souffle et scrutaient les petites victimes avec incertitude et curiosité, le regard brillant, la bouche ouverte et les doigts tendus. Les enfants fermaient maintenant leurs yeux et saisissaient leur ventre à deux mains comme pour empêcher leur estomac de s'échapper.

L'air s'immobilisa comme par magie. On entendit le vol énervé d'une mouche perdue dans la nuit, le crissement d'un criquet dans l'herbe et le hululement d'une chouette dans le lointain. Puis, plus rien. Odin, Pilgrin et Ysaline titubèrent et s'évanouirent, en proie à un pénible malaise.

– Ils sont morts ! Vous les avez empoisonnés ! Oui, vous les avez tués ! crièrent aussitôt les mères affolées en se jetant sur leurs enfants.

– Mais non, ils viennent de s'endormir ! Ils se réveilleront dans quelques minutes, pleins de force et de courage, répondit Aïda en se détournant de la scène avec dédain.

– La force et le courage doivent venir d'eux et non d'un quelconque breuvage ! intervint Arielin, le père de Pilgrin, surpris et mécontent. Quand ils s'élanceront dans les arbres, sauteront dans la rivière, ou courront à travers les bois, comment saurons-nous s'ils sont guidés par leur propre courage ou par cette potion malodorante ?

– Oui ! Comment saurons-nous ? soutint Pépine, sa femme, d'une voix légèrement menaçante.

– Ne vous énervez pas ! Je vais vous expliquer ce qui les attend ! répondit Aïda sur un ton de confidence. Ecoutez-moi bien ! D'abord, je te le répète, Arielin : ce ne seront pas les épreuves habituelles. Quand ils seront libérés des effets du philtre, c'est-à-dire dans peu de temps, dans moins d'une heure…

3 - L'ATTAQUE

Aïda ne termina pas sa phrase. Le son du cuivre résonna dans la forêt, rompant le silence religieux qui venait d'envelopper ses propos. Un lutin à cheval sur un lièvre géant fit irruption au milieu de la foule, dans une gerbe d'étincelles vertes. Pépin quitta précipitamment sa monture et hurla, paniqué, le cheveu ébouriffé et l'œil mouillé :

– Arrêtez la cérémonie ! Arrêtez tout de suite !

Et il ajouta en se mordant les lèvres :

– Le cristal a disparu du puits pendant que... je m'étais assoupi !

Il étouffa les derniers mots dans sa gorge, mais Aïda, qui avait l'ouïe fine, les devina.

– Mais comment as-tu pu t'endormir ? gronda-t-elle. Ne sais-tu pas combien il est important de surveiller le cristal, surtout pendant nos fêtes ? Je te rappelle, sombre idiot, que la limonade de fraisier et la bière de pommes de pin vous sont néfastes ! Elles vous rendent visibles. Il faut absolument savoir ce qui a pu arriver à ma pierre précieuse et la retrouver !

Folle de rage, elle tapa du pied. Elle était dans tous ses états.

Elle s'avança vers Pépin, prête à le gifler. Le lutin recula, tout en cherchant le commencement d'une réponse pour tenter de la calmer. Et il le trouva :

– En effet, j'ai dû boire un peu trop de bière de pin avant de prendre mon poste. Je ne vois que ça pour expliquer mon inattention, ajouta-t-il dans un triste sourire. Mais je ne comprends pas ce qui a pu se passer. J'ai toujours gardé les yeux bien ouverts. Enfin… il me semble !

Ses yeux contemplaient avec intensité le bout pointu et recourbé de ses bottines comme si elles pouvaient répondre à son angoissante question. Peut-être avaient-elles vu quelque chose que lui-même n'avait pas perçu ? C'était possible, après tout.

Aïda le secoua avec force et le sortit brutalement de ses stupides réflexions, fruits d'une imagination trop généreuse. Il bredouilla dans un filet de voix, entre deux soubresauts :

– Mais... je me souviens très bien... que le cristal était encore présent... dans le puits... quand la mouche m'a réveillé... Je ne me suis plus rendormi ensuite... J'en suis certain... Alors, comment la pierre a-t-elle... pu disparaître ?

Une gifle partit et résonna dans toute la forêt. Pépin promena son regard douloureux et honteux sur la foule des curieux. Il frotta sa joue.

– Tu t'es endormi, obscur crétin ! hurla Aïda. Tu l'as dit ! N'importe quelle créature peut nous voir à présent, pauvre idiot ! Puisque nous ne sommes plus sous la protection du cristal, nous redeviendrons tous visibles les uns après les autres !

Elle ajouta menaçante :

– Je crains le pire !

Elle délaissa le col de Pépin qu'elle commençait à serrer un peu trop, et dressa vers le ciel ses index et ses majeurs tels des ciseaux pointus. Ses doigts se mirent à couper l'air en arabesques secrètes et invisibles. Les lutins avaient rarement eu l'occasion de voir leur druide ainsi. Sa voix grimpa d'un degré sur l'échelle de la colère.

– Voulez-vous une seconde guerre ? Est-ce que la première ne vous a pas suffi, contre cette fée que nous craignons tous, il y a un et trois donc treize ans ?

Laurine sourit malgré elle en entendant Aïda énoncer le nombre treize : la souris précisait toujours les deux chiffres qui composaient un nombre, comme si elle s'adressait à des analphabètes. Mais les murmures de réprobation qui s'élevèrent de la foule obligèrent la lutine à prendre une attitude plus sérieuse. Ils diminuèrent cependant peu à peu et l'atmosphère plongea dans un silence sinistre. L'idée d'un nouveau conflit avec Agapande atterrait les lutins, tout simplement. Ils avaient tant souffert quand leur village s'était opposé au royaume de la fée !

– Agapande est prisonnière dans son palais ! Ses sœurs Anauelle et Lauviah la surveillent jour et nuit. N'est-ce pas ? demanda d'une voix incrédule Néparin, le père d'Ysaline.

– Et si elle s'était échappée ? Et si une autre fée bien plus dangereuse qu'elle, ou bien une sorcière plus sournoise encore, décidait de s'emparer de notre village ? lui répondit brutalement Aïda.

Le son de la corne émit une nouvelle plainte, comme un écho à ses paroles.

– Au secours ! On nous attaque !

Un garde resté aux abords d'Harahélin arrivait vers eux en courant.

– Mettez-vous aux abris ! Des oiseaux géants nous attaquent ! cria-t-il en gesticulant des bras.

Un bruit de raillerie grandissait dans la forêt, derrière lui. Une escadrille de neuf geais, énormes et gras comme des poulets, mais bien plus gigantesques, se matérialisa brusquement. La formation fonçait en piquet sur le village. Tous les lutins se figèrent.

– Effacez-moi ces airs de blaireaux de vos visages, bande d'imbéciles, et bougez-vous ! Ils nous voient ! les réveilla Aïda en hurlant à pleins poumons. Nous commençons à devenir visibles !

Les oiseaux hurlaient du bec, sifflaient et poussaient des cris très désagréables.

– Ils viennent sur nous ! Tous aux abris ! ordonna le druide.

Les volatiles heurtèrent la piste de danse et renversèrent la table du festin comme s'ils voulaient donner un premier avertissement, puis ils s'élancèrent sur les lutins avec férocité.

Et ce fut la panique.

4 - Les geais

Les couvre-chefs et les oreilles trop pointues ou trop dressées furent mordus et picorés, les bras pincés, les pantalons soulevés, les bonnets jetés, les plats renversés et la vaisselle cassée. Gourmands, les attaquants délaissaient quelques instants leurs victimes, le temps pour eux de picorer goulûment quelques miettes du festin. Mais, infatigables, ils recommençaient leur ballet aérien et destructeur. Ils se cognaient parfois les uns contre les autres dans l'affolement général, mais ne perdaient jamais de vue leurs proies.

Dans le village, il n'y avait que cris, hurlements, bousculades, chutes, frayeur, désarroi et affolement. On cherchait à se réfugier sous les tables, sous les bancs et dans les maisons. Des lutines récupéraient au milieu de la cohue les plus petits, oubliés, crachotant la poussière soulevée, tandis que les lutins les plus adroits tiraient sur les assaillants avec des frondes ou des arcs. Mais les projectiles n'avaient guère de succès. Trop minuscules ou trop fragiles face aux ventres replets et charnus, les flèches et les pierres ne s'enfonçaient aucunement dans les corps.

Elles rebondissaient dans tous les sens, tombant même parfois sur la tête des archers ou des lanceurs. C'était la confusion la plus totale. On ne voyait plus rien dans cette vaste pagaille.

Ysaline et Pilgrin se réveillèrent à ce moment-là et se contemplèrent pendant un moment, ébahis par le tumulte. Mais ils n'eurent guère le temps d'envisager une retraite. Un geai plongeait son énorme poitrail sur leurs têtes et il manqua les écraser.

– Attention à toi ! hurla la lutine.

– Regarde-le ! Il s'en prend à Odin qui dort toujours !

En effet, l'oiseau, après avoir décrit une boucle, se précipitait sur leur ami. Il visa son ventre dodu et poussa un cri tonitruant de victoire en s'y installant. Tout dans son attitude montrait qu'il était déterminé : une expression railleuse plissait les bords de son bec et ses plumes éclatantes se hérissaient en crête sur sa tête.

– Mais que cherche-t-il à faire ? s'étonna Ysaline.

– Sale bête, fiche le camp avant que je t'attrape ! hurla Pilgrin en agitant les bras.

– Tu ne l'effraies absolument pas ! Il est bien trop gros pour avoir peur de toi.

– C'est ce qu'on va voir. Attends un peu.

Une lueur d'arrogance brillait dans l'œil orange du volatile. Il lâcha un nouveau cri affreux comme une exhortation bravache quand il comprit qu'on venait vers lui. L'affreuse complainte s'arrêta enfin et les jeunes gens purent ôter leurs mains de leurs oreilles douloureuses et avancer de nouveau. Mais le geai serra le corps d'Odin dans ses griffes et le souleva du sol.

– On dirait que… Mais c'est pas vrai ! Je crois qu'il veut

enlever Odin ! murmura Pilgrin.

– Arrête, poulet ! cria Ysaline en gesticulant des bras pour chasser la bête. Lâche-le tout de suite !

– Il ne faudrait pas qu'il nous le blesse en obéissant à ton ordre, fit Pilgrin en se rapprochant, plus lentement cette fois. Je vais l'avoir par la douceur. Petit, petit ! Tu veux une gourmandise ?

– T'inquiète. Il a pas l'air d'obéir, le bougre. Et il ne croit pas à ton cadeau.

Brusquement exaspérée par l'attitude de l'oiseau, Ysaline se jeta en avant, mais le volatile l'évita de justesse en faisant un bond sur le côté. Il ceinturait toujours totalement Odin avec ses serres et le lutin pendait au bout des pattes, inconscient de ce qui lui arrivait. L'oiseau regardait maintenant fixement les deux jeunes gens en agitant les ailes de manière à rester sur place.

– C'est fou… il semble attendre une… une… réaction de notre part ! bredouilla la jeune fille. Il ne s'envole pas et il nous regarde avec son air idiot.

Ysaline s'agrippa à une des jambes d'Odin et tira, mais le ravisseur, nullement gêné par ce poids supplémentaire, réussit à s'élever plus haut dans les airs.

– Pilgrin, fais quelque chose ! supplia la jeune fille. Je pars avec eux !

– Je suis là ! cria Pilgrin en se jetant sur l'autre jambe, qui passait près de lui. Je vais l'empêcher de vous emporter. Par tous les dieux ! Je pars aussi ! Mais quelle force il a, l'animal !

– Au secours ! Sauvez-nous ! hurla Ysaline, paniquée à l'idée de quitter la terre ferme.

L'oiseau s'élevait lentement mais sûrement au-dessus de la foule agitée. Il frôla plusieurs fois les grands sapins noirs avant de s'enfoncer dans un tunnel de verdure puis dans les ténèbres.

Et il disparut avec ses trois captifs et les cris d'Ysaline.

Le vacarme nocturne et discordant des oiseaux prit fin de manière inattendue, à cet instant précis. La horde d'attaquants s'évapora dans l'épaisseur de la forêt. On ne vit plus de volailles sur les lutins, ni sur la table du festin et la piste de danse, ni sur terre ou dans les airs.

Les villageois attendirent quelques minutes puis commencèrent à sortir de leurs cachettes petit à petit. Ils hoquetaient, s'époussetaient ou chancelaient. Tremblants, ils se regroupèrent instinctivement sur la place centrale en se soutenant les uns les autres. Le lieu de la fête était méconnaissable. Il leur faudrait des heures pour tout ranger et tout réparer, peut-être des jours.

5 - L'ENLÈVEMENT

Aïda, accroupie derrière un tonneau de bière, se redressa avec précaution. Elle l'escalada et s'agrandit en se dressant sur la pointe des pieds. Dominant la forêt de bonnets, tous pointés vers elle, elle tendit ses longues pattes efflanquées au-dessus de la foule. Les lutins semblaient attendre une déclaration, un conseil, ou une consolation. Elle devait les rassurer. C'était son rôle de chef du village.

Prenant une profonde inspiration, elle déclara, solennelle :

– Vous avez reconnu les soldats des fées, celles qui vivent par-delà la forêt, dans la cité des neiges ! Cette attaque signifie que certaines d'entre elles ont découvert notre village. Peut-être seulement l'une d'entre elles. Mais malheureusement, il peut s'agir de celle que nous craignons le plus. Il est possible qu'Agapande cherche à nous détruire encore une fois ! Nous devons quitter les lieux très rapidement.

– Mais pour aller où ? s'inquiétèrent certains villageois. Harahélin est notre village, notre fief !

– Oui ! Où fuir ? reprirent en écho d'autres lutins. Nous aimons vivre ici ! Nous ne voulons pas aller ailleurs !

Une grande agitation secoua les villageois. Chacun y allait de son hypothèse, de sa proposition, de ses pleurs ou de ses gémissements.

– Cessez de vous lamenter ! aboya durement Aïda, énervée par les discussions qui perduraient. N'oubliez pas notre devise : demain est un autre jour ! Gardons confiance ! Il faut tout d'abord tenter de savoir où est passé le cristal, car sans lui, toute nouvelle cachette sera repérée. Je ne suis pas en mesure d'en recréer un autre rapidement. Je propose donc que nous nous rendions d'abord au puits pour découvrir ce qu'il s'est exactement passé. Une fois là-bas, je prononcerai mes incantations. J'aurai peut-être un signal de la pierre, et je pourrai savoir où elle se trouve. C'est ma création et elle n'obéit qu'à moi. Peut-être réussirai-je à la faire réapparaître ! Ensuite, nous chercherons une cachette dans la forêt. J'enverrai une délégation sur la cité des fées pour savoir si Agapande s'est échappée et…

– Par Lutania, mon petit a disparu ! cria tout à coup Laurine, la mère d'Odin.

– Et ma petite Ysaline aussi ! ajouta Fleurine avec rudesse.

– Pilgrin ! Pilgrin ! Où es-tu ? appelèrent ensemble Arielin et Pépine, paniqués de constater eux aussi l'absence de leur enfant.

– Je les ai vus s'envoler. Ils étaient emportés par un oiseau, répondit un villageois.

– Oui ! Moi aussi ! Je les ai vus voler, accrochés aux pattes d'un geai ! ajouta un autre lutin à l'aspect rieur.

Il imita le curieux équipage en ouvrant grand ses bras avant de perdre l'équilibre et de faire rire ses voisins. Mais le regard courroucé de la souris stoppa net les élans. On toussa et on se racla la gorge en regardant sur les côtés, l'air de rien.

– Par Lutania ! Les oiseaux ont enlevé nos enfants ! s'écria soudain l'une des mères, d'une voix éplorée.

Elle se jeta dans les bras de son compagnon pour hurler son désespoir. Les deux autres mères agrippèrent leur cou. Leurs yeux se remplirent de larmes, et les digues qui les retenaient se rompirent. Des gémissements aigus accompagnèrent alors leur chute. Aïda fixa les trois lutines, indécise mais fascinée. Elle était incapable de tant de démonstration, alors même que les enfants lui manquaient déjà terriblement. Elle se prit la tête dans les mains pour mieux réfléchir et ne plus entendre les jérémiades.

– Il faut faire vite, très vite ! s'écria-t-elle en se redressant vivement. Commençons par aller au puits. Une fois invisibles grâce au cristal que je ferai réapparaître, nous partirons à la recherche des petits. Je veux des volontaires avec moi.

Aussitôt, des mains s'agitèrent, pointèrent leur index et se bousculèrent. Tout le monde voulait participer, même les plus jeunes. Elle n'était pas étonnée de constater autant d'ardeur. Son peuple avait toujours su se montrer courageux dans les moments les plus périlleux ou les plus graves. Mais la souris hésitait. Elle regardait intensément chaque volontaire, sans qu'aucun ne l'inspire. Elle hésitait, soupesait, reniflait du museau, mordillait ses ongles, et griffait ses poils, signes chez elle d'une profonde réflexion. Tous ces visages suppliants et toutes ces mains tendues… Qui choisir ?

– Moi, Aïda, je veux y aller ! cria une voix plus forte que les autres.

– Non, moi, Aïda, je suis prêt ! J'ai dix-neuf printemps !

Non, un et neuf ! C'est comme tu veux !

– Je suis jeune et fort, Aïda ! Moi !

Les minutes s'égrenaient, lentes comme une éternité. Soudain, la souris eut la révélation qu'elle attendait. Son doigt s'agita fiévreusement au-dessus des têtes et dessina plusieurs spirales rapides et concentriques. Il tomba successivement sur dix guerriers, les plus courageux et les mieux aguerris. Aïda prit soin d'ajouter à son choix les pères des trois enfants, qui étaient d'ailleurs eux aussi des combattants solides et avertis. « Ceux-là semblent déterminés à venir de toute façon... Je ne peux les laisser à se morfondre ici », pensa Aïda en son for intérieur.

– Nous voilà un et quatre, c'est-à-dire quatorze. En route ! Dépêchons-nous ! ordonna-t-elle au-dessus des murmures déçus. Une longue marche nous attend. Il fait nuit, un peu frais et le chemin sera difficile. Vous autres qui restez ici, ajouta-t-elle en se retournant vers les villageois, rassemblez un maximum d'affaires et repérez un nouvel abri dans la forêt. Nous construirons un autre Harahélin, ne vous en faites pas ! Allez ! Ouste ! Immédiatement ! Ne traînez pas !

La petite troupe prit le départ.

Le sentier se révéla très vite pénible. La lune, pourtant ronde et blanche, ne suffisait pas à éclairer la pénombre des sous-bois, qui étaient trop denses. La taille modeste des lutins n'était pas non plus un atout. La nuit les surprenait sans cesse à trébucher sur des racines d'arbres, des branches cassées ou des cailloux glissants. Mais personne ne songeait à se plaindre. Il fallait faire vite. Pourtant, une voix où perçait l'inquiétude s'éleva au bout d'une heure de cette marche forcée.

– Aïda, pourquoi enlever des enfants ? demanda Yezalin.

– Nous n'avons jamais vécu une telle épreuve dans le village, même lors de la dernière guerre, ajouta Arielin.

– Je ne sais pas... Les enfants dormaient. C'était peut-être plus facile pour les enlever. On cherche à nous faire peur, ou à nous faire chanter. L'heure est grave. Pressons le pas !

La piste débouchait sur les abords d'une clairière. D'un seul mouvement, le groupe se dirigea droit vers un amas de pierres recouvert de mousse et caché sous des fougères géantes, près d'un grand chêne. Aïda écarta vivement les feuilles grasses. Puis elle balaya d'un geste large une épaisse couche de poussière. Un vieux panneau de bois vermoulu et endormi par les années apparut alors, capturé par la lumière des torches. Il eut juste le temps de se réveiller avant d'être secoué et repoussé sans précaution. Aïda pencha ensuite une torche avec retenue au-dessus d'un trou profond : celui dans lequel s'était toujours trouvé le cristal jusqu'à maintenant. Elle contempla le vide noir tandis qu'une sueur froide coulait le long de son échine.

– Il n'est plus là. Il a vraiment disparu, murmura-t-elle en se relevant, déçue et résignée.

Elle aurait bien aimé un petit miracle, comme trouver le cristal au fond du puits, par exemple.

– Il ne me reste plus qu'à méditer pour élever mon esprit jusqu'à la fréquence de la pierre et tenter d'entrer en communication avec elle, soupira-t-elle.

– Qu'est-ce qu'elle raconte, demanda discrètement Néparin à son voisin.

– Elle va réfléchir, ou penser.

Aïda, qui avait l'ouïe fine, les fusilla du regard.

– Je reprends et j'explique pour ceux qui sont un peu durs de la feuille. Si la pierre n'est pas loin, je peux atteindre ses vibrations et peut-être la faire réapparaître. Je lui parle et elle m'obéit. Tu comprends mieux, Néparin ? Bon. Faites silence, maintenant. Je dois me concentrer !

...

– Les enfants, je ne vois rien ! Rien ! Rien !

La souris se redressa avec énergie et tapa plusieurs fois le sol avec ses pattes, hors d'elle.

Ses compagnons sursautèrent devant sa réaction, sans réaliser la portée réelle des paroles qu'elle avait énoncées avant de gesticuler. Mais Arielin fut le premier à enfin comprendre.

– C'est le noir le plus complet ! Je ne comprends pas ce qu'il se passe. Le cristal ne m'entend pas ou je ne le capte pas, ce qui revient au même ! s'écria Aïda avec ardeur.

Alors Arielin déclara d'une voix blanche :

– Nous sommes obligés de chercher les enfants à découvert. Nous n'avons plus le choix.

6 - Le milan noir

Quelque part au même instant, plus haut dans le ciel sombre et étoilé :

– Odin ! Pitié ! Réveille-toi ! hurlèrent Pilgrin et Ysaline, désespérés.

Ils glissaient le long des jambes de leur ami. Accrochés ainsi, tels des insectes sur des feuilles emportées par de violentes bourrasques, ils sentaient le moment de la chute arriver. Ysaline étouffait sous la pression de l'air qui s'engouffrait farouchement dans ses narines et dans sa bouche. La position de Pilgrin ne valait guère mieux. Le lutin gémissait sous les larmes qui trempaient son visage. Il tournoyait dans un sens, puis dans l'autre, sans trouver de position d'équilibre.

Une idée ridicule traversa soudain l'esprit de Pilgrin. Ses dents se plantèrent dans les tibias de son ami qui se réveilla enfin, à sa grande joie. Odin éprouva tout de suite une sensation d'asphyxie.

« Par Lutania ! Que se passe-t-il ? J'ai du mal à respirer », pensa-t-il confusément, le cœur au bord des lèvres. « Je crois que je vais vomir. »

Un vent froid frappait son visage avec rudesse, ce qui l'obligeait à plisser les yeux et à fermer la bouche. Ses bras étaient pris dans un étau et son corps semblait absent. Il devina que l'on tirait fortement sur ses jambes, mais il ne réussissait pas à tourner la tête pour voir la cause de ce désagrément. Ses yeux s'ouvrirent enfin avec difficulté et découvrirent la lune spectrale. Elle perçait les nuages et éclairait par instants la robe noire de la forêt, le ruban argenté de la rivière ou la chevelure grise de la neige sur les arêtes des montagnes dormant dans le lointain. Mais cette vision enchantée lui donna le vertige.

Il constata qu'il était plaqué contre une forme chaude et douce qui le grattait. Une plume se colla sur son nez et confirma ce à quoi il songeait : un duvet d'oiseau. Il tenta une dernière manœuvre pénible et réussit enfin à bouger la nuque.

– Pourquoi volons-nous ? réussit-il à hurler en apercevant ses amis, agrippés à ses mollets. Que se passe-t-il, au nom d'Harahélin ?

– Harahélin a justement été attaqué par des geais ! L'un d'entre eux t'a emporté pendant que tu dormais… Nous avons essayé de l'en empêcher… Mais il était bien trop fort pour nous ! réussit à brailler Pilgrin, malgré le vent qui écrasait ses joues. Nous allons tomber ! Fais quelque chose, je t'en supplie !

– Sauve-nous ! hurla Ysaline. Nous glissons !

Un oiseau noir comme du bois calciné apparut soudain, à cet instant précis, en crevant un nuage aussi sombre que lui. Un milan géant fonçait droit sur eux en poussant des cris stridents. Ses serres immenses s'étaient ouvertes et elles cognèrent le ravisseur dès qu'elles l'atteignirent. Mais le geai, pourtant fortement secoué, réussit à supporter les assauts et ne lâcha pas ses proies.

– Ce rapace va tous nous tuer s'il continue ! hurla Odin.

– Tenez bon ! s'égosilla Ysaline. Je pense qu'il veut nous délivrer !

– Il s'y prend d'une super manière ! Je préfère être enlevé que tué !

L'attaquant paraissait fort mécontent de la résistance du geai. Il s'éloigna pour réfléchir à une autre méthode d'approche. Exécutant un brusque virage de l'aile à une vitesse fantastique, il revint à la charge. Cette fois, il plongea avec une rapidité foudroyante tel un chat sur une souris. Le fracas de la collision se répercuta dans la nuit, tandis que Pilgrin lâchait la jambe d'Odin.

– Ça y est ! Je tombe ! glapit-il dans un sanglot avalé.

Le rapace arrêta de frapper et se jeta dans le vide pour réapparaître aussitôt, tenant Pilgrin évanoui dans une de ses serres. Il examina les deux autres lutins d'un œil froid, puis le geai, et sans hésiter, se précipita brutalement sur eux. Odin et Ysaline hurlèrent d'effroi, se préparant au choc. Le combat devint féroce. Les serres griffaient, les becs piquaient et les ailes giflaient. Des touffes de plumes se détachaient et s'envolaient. Ballottés, retournés, bousculés et frappés, les deux lutins redoutaient leur chute avec angoisse. Un grognement féroce et nerveux s'échappa de la gorge du milan pendant qu'il enfonçait son bec plus profondément dans le cou de sa victime. Il s'impatientait, ne s'attendant pas à autant de résistance. Des gouttes de sang perlèrent sur le plumage carmin du geai. Il avait enfin le souffle court.

Épuisé par la lutte, mais surtout par le poids de son agresseur sur son gosier, il consentit à abandonner Odin. Le lutin tomba en entraînant avec lui son amie.

« C'est la fin », pensa-t-il en fermant les yeux.

Et il s'évanouit.

Le rapace délaissa sa proie et piqua en flèche. Il réussit à rattraper les jeunes gens juste avant qu'ils ne frappent la cime des arbres. Aussitôt, il les emmitoufla dans ses plumes, sous l'aile où se trouvait déjà Pilgrin. Il zigzagua à travers les bois en faisant de larges boucles et atteignit un tapis de feuillage sur lequel il atterrit en provoquant une gerbe de feuilles mortes.

Il déposa les lutins avec la même délicatesse et la même prévenance qu'il aurait eues pour ses propres petits. Puis il les caressa tendrement du bec. Son œil pointu s'éloigna un instant pour percer l'obscurité et mieux les dévisager. A priori, il n'y avait pas de casse ni de blessure. Les enfants avaient juste le souffle coupé, les cheveux en bataille et la mine désorientée. Rien de grave. Un peu de repos et tout rentrerait dans l'ordre. Rassuré, le milan déploya ses ailes immenses d'un seul coup sec. Et il s'envola vers des cieux plus lointains qu'il secoua d'un dernier cri puissant.

– Où sommes-nous, là ? s'inquiéta Pilgrin qui se réveillait.

– Sur terre. Enfin, je suppose. Ou alors au paradis, si nous sommes morts. À moins que ce ne soit l'enfer. Vous n'avez rien de brisé ? s'inquiéta Odin d'une voix faible en tentant de se redresser.

Mais ses jambes n'avaient pas encore assez de force pour le porter. Il retomba au sol, contre ses amis. Les pensées d'Ysaline étaient confuses. Elle dut se répéter plusieurs fois la question d'Odin avant de la comprendre et de pouvoir y répondre.

– Non, je crois que j'ai tout gardé. J'ai encore mes deux bras et mes deux jambes. Et chose surprenante, j'ai même mon chapeau. D'ailleurs, vous avez gardé, vous aussi, votre bonnet ! chevrota-t-elle en palpant avec prudence ses mains et ses pieds.

– J'ai toute ma tête ! s'exclama Pilgrin en remuant son crâne dans tous les sens.

Son couvre-chef dodelina à tribord, à bâbord, vers l'avant et l'arrière, et ce jeu l'amusa beaucoup.

– C'est vrai, j'ai gardé mon cher bonnet ! Quelle chute, par nos ancêtres ! Dommage que je n'aie rien vu ! Moi qui aime les plongeons !

Il arrangea sa tignasse éclatée et y enfonça plus profond son bonnet. Ysaline le regardait d'un air hébété. Mais comment avaient-ils pu ne pas perdre leur coiffe dans la chute ? Son esprit butait bêtement sur cette question, sans raison, et elle n'arrivait pas à réfléchir à autre chose. « Le choc de la chute, pensa-t-elle pour se rassurer. Oui, sûrement. Ou alors je deviens folle… »

Elle se plongea dans l'étude de ses jambes qui frémissaient en leur ordonnant de cesser leur tremblement incontrôlable, mais elles continuaient de n'en faire qu'à leur tête.

– C'est quand même bizarre ! Un oiseau qui nous enlève, un autre qui nous sauve ! Qu'en penses-tu, Odin ? demanda Pilgrin.

– Je ne comprends rien à rien. Il faudrait pouvoir retourner chez nous. Où pouvons-nous bien nous trouver ? s'inquiéta-t-il en scrutant autour de lui la muraille de nuit inquiétante et obscure.

– Comment savoir ? Il fait noir comme dans le ventre d'une chèvre !

– Sûrement très loin d'Harahélin, pleura soudain Ysaline, prise de panique. Je suis fatiguée, mais fatiguée… Je n'arrive pas à fixer mes jambes et je bute sur la même pensée depuis que nous avons atterri.

– Laquelle ? demandèrent ses amis ensemble.

– Pourquoi avons-nous gardé nos bonnets ?

– Ma foi, je ne sais pas, répondit sérieusement Odin.

– Parce qu'ils ne peuvent pas se passer de nous ! plaisanta Pilgrin.

La fraîcheur de la nuit s'était insinuée dans les membres de la lutine et les ténèbres n'arrangeaient en rien son état. Son cœur battait la chamade, et son estomac formait des nœuds.

– Tu dois avoir froid, s'inquiéta Pilgrin en l'observant attentivement. Viens près de moi. Je vais te réchauffer.

Depuis le temps qu'il attendait ce genre d'heureux hasard. La tenir contre lui... il en rêvait. Ses deux bras entourèrent avec affection les épaules de la jeune fille. Mais Odin s'avança vers eux, un peu jaloux, et prit les mains d'Ysaline qu'il réchauffa dans les siennes. Il évita le regard mécontent de son compagnon.

– Il fait encore nuit, constata-t-il. Je propose que nous dormions jusqu'au lever du jour. Demain est un autre jour. N'oublions pas notre chère devise. Elle nous redonnera courage.

– Tu as raison, bâilla Pilgrin en ouvrant une bouche grande comme l'entrée d'une grotte. Je vais m'installer contre cet énorme tronc que je vois là-bas.

Et il ajouta avec une réconfortante certitude, due à son caractère confiant :

– Il nous protègera pendant la nuit. J'en suis certain.

Ysaline, que cette idée séduisait, lui emboîta le pas et s'allongea à ses côtés. Odin débusqua quelques fougères toutes proches et en découpa les feuilles grasses. Puis il recouvrit ses deux compagnons de la couette moelleuse. Enfin, il se blottit contre eux, épuisé, sans oublier de murmurer une nouvelle fois sa devise comme une prière pour y puiser du soutien.

Ils s'endormirent sous la lune qui était blanche et pleine ce soir-là. Elle les contempla avec affection.

7 - Prisonniers

Quelque temps plus tôt, les treize lutins se lamentaient auprès de leur druide, à quelques lieues de là. Ils n'avaient pas bougé du puits :

– Que va-t-il nous arriver, maintenant que nous sommes visibles ? Et nos trois petits, que vont-ils devenir ? s'inquiéta Arielin.

– Silence ! répondit Aïda avec autorité. Qu'on me laisse réfléchir ! Je sens que les enfants sont en danger !

Le lutin releva le menton comme si son orgueil était atteint et bouda. Aïda soupira en le regardant, puis mit ses deux pattes menues sur ses yeux ronds et commença à fredonner une mélodie à cinq notes, langoureuse comme une berceuse. Les lutins se turent pour l'écouter. Ils n'osaient intervenir, mais si elle continuait ainsi, ils finiraient par s'endormir. Leurs paupières s'alourdissaient déjà. Soudain, prise d'une brusque inspiration, Aïda s'agita, ce qui eut pour effet immédiat de faire bondir le cœur de ses compagnons et de les extirper de leur léthargie.

– Je vois les trois enfants. Ils volent dans les cieux, accrochés aux serres d'un geai.

– Oh ! par Harahélin, mon Odin ! gémit Yezalin, rejoint en écho par les deux autres pères.

– Taisez-vous et arrêtez de pleurnicher ! Vous me déconcentrez ! gronda la vieille souris en rouvrant ses yeux. Je vais les sauver ! N'ayez crainte ! Pour qui me prenez-vous ? Pour une débutante ?

Ils haussèrent les épaules. Quel mauvais caractère, cette souris ! Une chance pour elle qu'ils aient besoin d'elle car ils se voyaient bien lui répondre vertement.

Aïda commença à émettre des cris bizarres, qui ressemblaient à ceux d'un rapace, et se lança dans une chorégraphie endiablée. Ses mains moulinaient l'air, poussées par de grands élans. Elle bondissait, sautillait et écartait les bras comme si elle voulait s'envoler. Ses doigts se tendirent, subitement tordus. Ses griffes s'allongèrent de quelques centimètres et se transformèrent en de longs crochets. Une bagarre parut éclater contre un ennemi invisible.

Les lutins s'écartèrent, ahuris, et même effrayés par cette soudaine sauvagerie.

– Poussez-vous ! ordonna Yezalin. Elle pourrait vous blesser.

Mais les violentes contorsions de la souris s'arrêtèrent aussi vite qu'elles avaient commencé. Son visage s'adoucit. Elle resserra avec tendresse ses longs bras sous sa poitrine comme si elle portait un objet précieux. Puis elle déposa avec délicatesse son paquet imaginaire sur le sol en murmurant des mots doux et en envoyant des baisers. Enfin, elle caressa le vide de ses mains.

Sans crier gare, elle se redressa et poussa un dernier cri de triomphe en ouvrant de nouveau les bras, qu'elle fit battre avec élégance, tel un oiseau prenant son envol.

Elle paraissait très satisfaite d'elle-même. Les lutins l'étaient moins. Qu'avait-elle fabriqué ?

– Voilà ! déclara-t-elle en reprenant une attitude normale. Les enfants sont sauvés pour l'instant.

– Mais qu'as-tu fait ? demanda Yézalin, passablement inquiet.

– Des moulinets avec les bras ! fit Arielin qui boudait toujours.

– Pfff... N'importe quoi, mon pauvre Arielin ! J'ai envoyé un rapace, un milan spécial pour être précise, et il a combattu notre voleur. Ce voyou de geai ! Les petits sont maintenant sains et saufs, et ils dorment sous des fougères. Je vais leur apparaître en rêve. Dès que leur sommeil sera assez profond, je pourrai leur expliquer comment nous rejoindre.

Les lutins, surpris par cet heureux dénouement, se précipitèrent sur elle avec enthousiasme pour embrasser ses pattes et sa bure de laine. Même Arielin oublia de faire grise mine et déclara avec solennité :

– Qu'Aïda soit louée ! Que notre druide vive éternellement ! Et je lui demande pardon !

– Allons, allons, mes enfants ! Cessez ces enfantillages, voyons ! C'était assez facile, fit-elle, la mine dédaigneuse, un rien coquette. La suite risque de l'être beaucoup moins. Avant toute chose, je dois essayer de faire réapparaître notre cristal. Mais pour cela, je dois découvrir où il se trouve. Sinon, il me faudra en créer un nouveau. Et là, le mode d'emploi menace d'être plus long !

Un craquement sinistre, comme une plainte assourdissante, étouffa cette sage et dernière remarque. Il y eut un court instant de silence où tout se figea, sauf les visages des lutins, tous les sens en alerte. Le vieux chêne gémit au-dessus d'eux et se redressa avec rudesse. Il leur arracha un cri de stupéfaction et de douleur avant de les emporter dans les airs. Et ils se retrouvèrent emmêlés, pêle-mêle, dans un immense filet aux mailles très solides, formé de corde et de chanvre.

Les torches tombèrent au sol et grésillèrent une dernière fois pour capturer la scène qui aurait pu être amusante si elle n'avait pas été aussi dramatique. On se serait cru à la pêche au thon en pleine mer, mais sans la mer et sans les poissons. Des bras et des jambes se tordaient et s'entrecroisaient au milieu des protestations et des gémissements de fureur.

– Ah, ah, ah ! Voilà donc le petit peuple des forêts ! susurra une voix dangereusement suave. Heureuse de vous revoir !

– Qui a fait ça ? Montrez-vous ! hurla Aïda en secouant les mailles du filet comme une furie.

Elle se mit à pousser des râles féroces de souris égorgée qui effrayèrent ses compagnons d'infortune.

8 - La fée féroce

– C’est moi ! Ta vieille amie, la fée des neiges ! Agapande ! Tu ne me reconnais pas ?

Une jeune femme était apparue à leurs pieds, comme par enchantement. Elle riait à gorge déployée. Sa robe de laine blanche, bordée de fourrure d’hermine, lui donnait une allure élégante. Mais son beau visage n’effaçait pas ses traits orgueilleux, et sa peau de porcelaine ne cachait pas son teint livide. Son œil soyeux brillait d’une froide ironie.

Soudain, un jet de lumière surgit de sa baguette de bois, ondula, et coupa la corde qui maintenait le filet dans un éclair éblouissant. Les lutins tombèrent durement au sol, dans un choc violent. Comme des thons, toujours, mais qui cette fois auraient été jetés au fond de la cale d’un bateau.

Aïda se redressa avec précaution, les membres endoloris. Elle remua lentement ses mains, ses pieds, ses bras et ses jambes, et enfin sa tête.

– Je peux te poser une question ? déclara-t-elle d’un ton dégagé en s’époussetant.

– Ouvre le feu, ma vieille ! rit la fée.

– Je te croyais emprisonnée par tes sœurs dans ton palais. Comment peux-tu être là, Agapande ?

Le visage de la fée se fendit d'un large sourire tandis que ses yeux pétillaient de malice.

– Je prépare mon évasion depuis treize ans et bien sûr, ma vengeance. Il y a peu de temps, j'ai enfin trouvé un moyen de m'échapper. Et me revoilà pour le bien de tous, ricana-t-elle effrontément, un méchant rictus sur les lèvres.

– Tes sœurs vont s'apercevoir de ton évasion et te capturer à nouveau, lança Aïda qui gardait son apparence détachée.

– Tss, tss, susurra la fée en plissant ses yeux vert vipère. Mes sœurs sont en voyage pour l'instant. J'ai tout mon temps pour m'occuper de toi et de tes lutins. Je prendrai soin d'elles dès leur retour. Sois-en certaine.

– Que cherches-tu ? Que comptes-tu faire de nous ? demanda la vieille souris.

Elle commençait à perdre patience et ses moustaches frémirent. Agapande perçut le léger changement et s'en réjouit.

– D'abord, je voulais te faire prisonnière. Ce qui est fait. Maintenant, tu vas me donner le cristal et les incantations d'invisibilité qui vont avec. Les vôtres sont bien meilleures que les nôtres, surtout plus rapides, je dois malheureusement l'avouer. Je veux surprendre mes sœurs, et être plus puissante lorsqu'elles chercheront à me récupérer. Tu me suis ?

– Tu veux surtout les anéantir et te saisir de leur royaume, n'est-ce pas ? suspecta Aïda. Et ensuite régner sur les mondes. Peut-être sur le nôtre ? N'as-tu pas essayé de t'en prendre à notre village, lors de notre dernier affrontement ?

Agapande sourit méchamment.

– Tu as tout compris. Je veux me venger d'elles pour m'avoir emprisonnée durant toutes ces années, et je veux me venger de toi et de ton peuple, pour m'avoir trahie, il y a treize ans.

– Tu allais tuer tes sœurs en même temps que nous ! Pourquoi ne les aurais-je pas aidées ? Elles ne nous ont jamais attaqués. Contrairement à toi ! cria le druide. C'était normal que je les avertisse de tes viles intentions. Quel sort aurions-nous subi si tu avais eu le champ libre ?

– Tu n'avais pas à faire cela ! hurla soudain la fée en colère. Et je n'aurais pas tué qui tu sais !

– Tu ne l'a pas tué parce que je t'avais trahie, cruelle ! Tu le haïssais comme tu me haïssais ! cria Aïda, les larmes aux yeux.

Les lutins, qui assistaient impuissants à l'échange verbal, s'affolèrent. La fée reprit d'une voix qui tremblait dangereusement.

– À cause de toi, mes sœurs ont découvert mon forfait. J'ai été enfermée dans mon palais, destituée de mes dons et il m'a fallu toutes ces années pour réussir à tromper leur vigilance et découvrir le moyen d'être libre aujourd'hui. J'étais très puissante, dans le temps, capable de grands sortilèges. Souviens-toi. D'ailleurs, je vois que tu portes encore ma marque sur toi ! N'est-ce pas, vieille souris toute racornie ? Je constate que mon sortilège agit encore ! Où est passée la lutine magnifique que j'ai connue et dont la beauté était si enviée ?

Cette remarque atteignit le cœur d'Aïda et l'humiliation la saisit. Elle porta ses pattes menues à sa figure et caressa ses joues flétries et poilues, son museau pointu et humide, puis ses grandes oreilles velues. Elle pensa à son ancien visage, celui qui avait été le sien avant qu'Agapande ne lui jette un sort : un visage fin et fier, à la peau lisse et aux grands yeux de velours, auréolé de cheveux soyeux. Toutes les lutines et même les fées le jalousaient. Elle leva sur son adversaire des yeux humides, empreints de nostalgie et de larmes contenues.

– Tu es une mauvaise fée, Agapande, fit-elle d'une voix sombre. Indigne des pouvoirs qui t'ont été confiés à ta naissance. Un jour, tu paieras tes exactions. Mais si, pour sauver tes sœurs et surtout mon peuple, l'épreuve à subir était de me transformer en celle que je suis devenue aujourd'hui, je ne regrette rien.

– Suffit ! J'en ai assez entendu ! Vas-tu me donner le cristal ? rugit Agapande.

– Je ne l'ai pas. Il a été volé cette nuit même ! s'écria Aïda tout aussi fort. Peut-être est-ce toi qui l'as dérobé, et tu cherches à faire croire le contraire ? Tu sais si bien manipuler ton entourage.

– Ne me joue pas un de tes tours, vieille sorcière ! Le cristal avait déjà disparu quand je suis arrivée dans la forêt. J'ai aperçu le garde qui surveillait votre puits. Je n'ai eu qu'à suivre son odeur de bière jusqu'à votre village. Vous deveniez visibles les uns après les autres. Comme vous étiez mignons à regarder ! Toujours à s'empiffrer, à boire et à danser ! Un lutin ne changera jamais, finalement. C'est d'un inattendu ! Bref, j'ai envoyé aussitôt mes geais attaquer ton village. Mais, je n'ai pas encore compris pourquoi ces idiots vous ont quittés aussi rapidement. Ils devaient te ramener à moi. Heureusement que j'avais posé un piège ici, près du puits, au cas où tu reviendrais cacher le cristal.

Et j'ai eu raison. Au moins, je récupère les plus valeureux d'entre vous et surtout toi, ma chère Aïda. Dépêche-toi de me donner la pierre et les incantations maintenant. Ma patience a des limites.

– Jamais, tu m'entends ! Jamais tu ne les auras ! répondit Aïda, qui redressa son museau vibrant et ses moustaches frémissantes avec dignité. Où sont passés nos enfants ? Qu'en as-tu fait ?

– De qui parles-tu ?

– De trois enfants qu'un de tes geais nous a enlevés.

– Aucun de mes gardes n'a pris d'enfants. Tu déraillles, ma pauvre souris. Ils ne devaient enlever qu'un rongeur, toi en l'occurrence !

– Tant que tu ne nous rendras pas Odin, Ysaline et Pilgrin, je ne te révèlerai pas la cachette du cristal, ni les incantations qui rendent invisibles.

Yezalin s'approcha du druide et murmura discrètement à son oreille :

– Mais nous n'avons pas le cristal, Aïda.

– Laissons-la croire qu'il est en notre possession, sinon elle nous tuera, répondit la souris à la dérobée. Il faut gagner du temps pour retrouver les enfants.

– Que chuchotes-tu entre tes dents, Aïda ? tonna la fée.

– Si nous ne retrouvons pas les enfants très vite, je jure que moi, la Grande Aïda, je te tuerai.

– Tu me fais peur, Aïda ! Je suis à l'agonie ! En attendant... Gardes ! Emparez-vous d'eux et attachez-les !

Huit geais, et non neuf, surgirent des sous-bois et se ruèrent sur les lutins. Yezalin se demanda où était passé le neuvième.

« Avec les enfants », fit une voix au fond de son esprit. « Mais si ce geai n'appartient pas à Agapande, à qui obéit-il ? » La voix ne lui répondit pas.

9 - Un messager

Beaucoup plus loin, sous une racine d'arbre, au petit matin :

– Ysaline, Pilgrin, réveillez-vous ! s'écria Odin en secouant ses deux amis. Le soleil est levé depuis longtemps si j'en crois sa position dans le ciel. Il faut retrouver notre village au plus vite !

Le petit rouquin et la ravissante lutine, assis sur une tache de soleil, s'étirèrent lentement, arc-boutant leur corps souple comme un ressort tendu. Ils se déchaussèrent et leurs doigts attrapèrent consciencieusement chacun de leurs orteils avant de les pincer un à un. Cette coutume était ancestrale chez les lutins. Dès le lever, on se pinçait les doigts de pied. Ce geste faisait circuler le sang un peu vert des veines et donnait à la peau sa couleur si joliment ambrée.

Ysaline essaya de dompter sa cascade de longs cheveux couleur soleil couchant. Puis elle frotta son visage avec l'eau de la rosée, déposée par flaques sur les plus grosses feuilles durant la nuit. Sa peau fine resplendit de mille gouttelettes de lumière. Elle jeta aux garçons son regard clair, faussement candide.

« Ah ! Les filles ! Toujours à se pomponner ! Je ne comprendrai jamais ! » se dit Pilgrin en enfonçant son bonnet sur sa crinière et en le calant jusqu'au cou. Une sensation de chaleur ramollissait bizarrement son cœur et son corps tout entier. Il préféra l'ignorer. Odin, quant à lui, concentré sur les gestes délicats et féminins, se retrouvait hypnotisé, le rythme cardiaque affolé. La lutine soupira en fronçant les sourcils :

– J'ai dormi profondément, mais j'ai fait un rêve absolument incroyable ! Aïda nous parlait et nous demandait de retrouver le cristal d'Harahélin.

– Oh ! Moi aussi, j'ai fait ce rêve ! s'écria Pilgrin. Notre druide disait qu'elle était arrivée au puits avec d'autres lutins, certains de nos guerriers et nos trois pères ! Que le cristal avait disparu…

– Et qu'une fée féroce, du nom d'Agapande, les tenait prisonniers, coupa Odin avec excitation. Elle voulait aussi qu'on les retrouve au plus vite afin de les délivrer. Nous avons fait tous les trois le même rêve ! s'exclama-t-il en bondissant sur ses pieds, dans un brusque élan d'enthousiasme.

– Crois-tu qu'il s'agisse vraiment d'un rêve ? s'étonna Ysaline.

– Vous m'avez bien dit que le village avait été attaqué par des geais, et nous avons été enlevés par l'un d'entre eux. Je suis sûr qu'Aïda est venue cette nuit pour nous parler, même si c'était en rêve. N'oubliez pas qu'elle est une grande magicienne ! Nos pères et nos amis sont prisonniers de cette fée et il nous faut les retrouver au plus vite. Retourner au village n'est plus une priorité. Sinon, ils périront tous, affirma Odin. Je ne comprends pas comment et pourquoi je sais cela, mais je sens que j'ai raison !

– Tu as toujours montré un instinct sûr, Odin, dit Ysaline

en s'approchant de lui. Mais… Vers où nous diriger ? Nous ne savons même pas où nous nous trouvons.

Son regard se perdit sur la barrière de sapins sombres qui les entourait. Au moment où elle allait suggérer de prendre la direction du sud, une voix nasillarde retentit dans son dos.

– Par-delà les forêts, au pied de la première montagne enneigée, gît la cité des fées des neiges. Les lutins et Aïda s'y rendent. Et ils sont effectivement prisonniers de la fée Agapande.

Les enfants, étonnés, se retournèrent vivement. Leurs regards croisèrent deux yeux d'or, perdus dans deux ronds immaculés et soyeux. Ils clignaient avec douceur tandis que la tête sur laquelle ils étaient incrustés pivotait dans un sens puis un autre, telle une girouette. Un paisible hibou, aux plumes blanches et cuivrées, était perché sur une branche tortueuse, cachée dans les frondaisons d'un arbre. Il lorgnait les enfants à chaque battement de paupières.

– Qui a parlé ? demanda Odin troublé. Je ne vois que toi, hibou ? Est-ce toi ?

– Oui, c'est bien moi ! répondit l'oiseau qui laissa échapper un hululement soutenu. Prenez la direction du nord et ne vous arrêtez plus. Dépêchez-vous !

Les lutins posèrent leurs mains sur leurs oreilles pointues et sensibles pour les protéger du son aigu, tandis que sans attendre, le hibou défroissait ses ailes courtes. L'animal s'éleva dans les airs et les frôla avant de s'enfoncer dans les bois obscurs. Pilgrin frotta son épaisse chevelure, un rien émerveillé :

– Par Manakiel, qu'est-ce que cette sorcellerie ? Un oiseau causeur, maintenant ? Serions-nous dans une forêt enchantée ?

– Peut-être est-ce un envoyé d'Aïda ? s'écria Ysaline intriguée, un doigt sur les lèvres. Elle utilise les animaux. Je la vois leur parler très souvent.

Elle se souvenait combien le druide aimait approcher les bêtes sauvages. Ne l'avait-elle pas surprise à utiliser le langage secret de la nature lorsqu'elle l'accompagnait dans ses balades ? Aïda avait même commencé à lui apprendre les rudiments d'une langue ancienne, l'Aluténain.

– Peut-être est-ce un phénomène propre à ce lieu que nous ne connaissons pas ? suggéra Pilgrin.

– Nous sommes loin de Manakiel, s'inquiéta Odin en fronçant le nez. Mais comme nous ne savons où aller, dans le doute, je propose que nous suivions le conseil de ce hibou. De plus, n'avons-nous pas fait tous les trois le même rêve, qui correspond trait pour trait à l'histoire de l'oiseau ? Je vais grimper en haut de ce sapin, pour voir où se situent ces fameuses montagnes enneigées.

Le lutin se lança avec entrain à l'assaut d'un résineux. En sautant de branche en branche, il parvint rapidement à son faîte. Un regard rapide lui apprit que les montagnes n'étaient pas si éloignées.

– J'ai vu les crêtes enneigées ! Nous devons traverser plusieurs vallons avant de pouvoir les atteindre. Partons tout de suite. Le chemin sera long, dit-il en redescendant prestement de l'arbre.

10 - Aïda faiblit

Un équipage étonnant avançait à travers les brumes matinales et l'air tiède de la forêt, surprenant ses habitants encore endormis. Huit geais géants transportaient un lourd filet rempli de petits êtres à la peau hâlée. Une magnifique jeune femme habillée de blanc les précédait, ouvrant ainsi la marche de ce cortège insolite. Son visage était fier et déterminé.

– Dans quelques heures, vous vous retrouverez dans les crevasses de mon palais. Nous verrons qui sera la plus têtue des deux, Aïda ! menaça Agapande. Tes lutins ne supporteront pas très longtemps la température qui y règne. Tu as de la chance que je n'aie pas encore récupéré tous mes pouvoirs. Sinon, nous serions déjà là-bas et je pourrais vous torturer à loisir. Mais pour l'instant, je me trouve loin de mes terres, et je suis faible. J'ai du mal à faire obéir ma baguette magique.

– Tes sœurs ne te laisseront pas agir à ta guise, susurra Aïda, l'œil narquois.

– Je suis maligne. Tu me donneras le cristal bien plus tôt que tu ne le crois, répondit la fée.

Elle lui envoya un regard si féroce que le druide baissa les yeux. Aïda se sentait désemparée pour la première fois depuis bien longtemps. Tant qu'elle serait ainsi secouée dans cette prison avec ses amis et qu'elle aurait les mains liées, elle ne pourrait pas se concentrer et utiliser sa magie. C'était déjà une chance qu'à l'insu d'Agapande elle ait réussi à envoyer un messager auprès des enfants. Heureusement que son hibou préféré l'avait suivie depuis leur départ du village.

– Où est passé le précieux cristal ? se lamenta soudain Arielin à ses côtés. Si ce n'est pas la fée qui l'a enlevé… qui est-ce, alors ?

– Je ne sais pas. Mais si Agapande se doute qu'il n'est pas en ma possession, elle n'hésitera pas à tous nous tuer. Elle est bien trop cruelle, marmonna le druide entre ses dents. Quand nous arriverons au château, il faudra gagner du temps.

– Mais comment ? intervint Yezalin.

– Peut-être en créant un autre cristal. Il pourrait faire diversion ! J'ai déjà réfléchi à cette solution. Mais en aurai-je seulement le temps ?

Aïda replongea dans de lugubres pensées, comprimée contre ses compagnons d'infortune. Une sensation pesante de fatigue l'envahissait.

Le voyage s'écoulait lentement, rythmé par le battement souple des ailes des porteurs. Le soleil était maintenant à son zénith. Malgré l'ombre fraîche assurée par la voûte des immenses sapins, la chaleur devenait de plus en plus insupportable dans le filet. L'air était saturé d'odeurs oppressantes. L'humus des sous-bois envoyait parfois des effluves de fruits trop mûrs ou de racines pourries. Les lutins somnolaient, écrasés les uns contre les autres.

Les geais avaient besoin d'une pause. Tous avaient l'esprit aussi vide que leur estomac. La fée, pressée d'en finir, n'avait pas accepté que l'on prenne le temps de se restaurer au petit matin. Mais le voyage s'avérait plus difficile qu'elle ne l'avait envisagé. Le filet devenait de plus en plus lourd pour ses gardes au ventre creux.

– Reine, pouvons-nous faire une pause ? intervint le plus gradé d'entre eux. Mes soldats sont au plus mal. Ils ne tiendront pas longtemps.

– J'accepte quelques instants de repos, le temps pour tous de se nourrir et de boire l'eau de cette rivière. Mais qu'on ne traîne pas.

Le filet fut déposé au sol. Aussitôt, les vigiles l'encerclèrent et le considèrent de leur œil méfiant. Les prisonniers gémissaient de faim et poussaient des cris d'épuisement ou de douleur. Leurs membres raidis étaient endoloris par les courbatures ou tordus par les crampes. Ils n'avaient guère ni l'envie ni la force de s'enfuir.

Les plus jeunes cueillirent des baies, des plantes et des champignons et les distribuèrent aux plus anciens. Les geais, quant à eux, picorèrent des graines de fleurs et des fourmis qui, affolées, tentaient de regagner leur nid au plus vite.

Aïda s'installa contre une souche et joignit ses fines mains en prière, malgré les liens qui lui entaillaient les poignets. Elle psalmodia une mélopée mélancolique et soporifique à souhait. En fait, elle invoquait le cristal dans l'espoir qu'il lui réponde. Elle espérait l'apercevoir dans son esprit pour entrer en communication avec lui. Elle procédait ainsi habituellement pour le faire réapparaître. Mais seul un épais brouillard bornait le court horizon de ses pensées. Son moral se mit en berne. Elle était fatiguée et elle avait faim.

– Tu n'as plus beaucoup de temps pour me livrer la cachette du cristal, minauda Agapande en s'approchant d'elle. Dans quelques heures tout au plus, nous atteindrons les premières neiges et mon royaume. Alors, mon pouvoir s'amplifiera. Et tes lutins auront très froid, une fois jetés dans les crevasses du palais, ajouta-t-elle, méchante. Ce sera de ta faute s'ils périssent. Non de la mienne. Ton entêtement vous perdra !

Aïda ne riposta pas et la fée s'éloigna, la mine effrontée et l'œil prétentieux. Les pères des jeunes lutins disparus en profitèrent pour s'approcher à leur tour.

– Aïda, qu'allons-nous devenir ? chuchota Yézalin. Nous ne savons pas où se trouve le cristal. Et qu'en est-il de nos enfants ?

– Je les ai vus en esprit pendant quelques instants. Ils marchent en direction du nord et ils se rapprochent de nous. Ils ont obéi au hibou que j'ai envoyé ce matin. Ils viennent vers nous pour nous délivrer. Ne vous inquiétez pas pour eux, soupira Aïda. Pour l'instant, ils sont sains et saufs.

Et elle ajouta :

– Ne m'en veuillez pas, mes chers amis, mais je suis trop affaiblie pour user de mes pouvoirs et tenter de nous délivrer. Et tant que je n'ai pas accès au cristal, je ne peux nous rendre transparents. Toute fuite serait vouée à l'échec. Je pense qu'Agapande a jeté un sort qui me limite, autant que ces liens sur mes poignets. Apportez-moi à boire et à manger, et ensuite laissez-moi. Je dois me reposer et reprendre des forces.

11 - La chute

Quelque part dans la même forêt mais beaucoup plus loin…

– Odin, Ysaline, regardez toutes ces lianes ! s'écria Pilgrin qui cheminait jusqu'alors en jouant à attraper des papillons. Quelle belle occasion pour s'amuser !

Il s'élança sur les premiers filins suspendus en bondissant comme une sauterelle qui tenterait d'échapper à un pied malveillant. Il sautait et cabriolait entre les lianes à une vitesse prodigieuse. Comme d'habitude, il se montrait très adroit.

– Wouah ! Quelle sensation, les amis ! Ysaline, viens me rejoindre !

En fait, Pilgrin tentait d'impressionner la lutine par son adresse. Plus il jouait, plus elle était secouée d'un rire sautillant qui ressemblait à s'y méprendre aux sons discordants d'une crécelle. Il était aux anges. Mais Odin se boucha les oreilles pour étouffer le bruit désagréable. De plus, assister impuissant aux trémolos d'Ysaline l'exaspérait. Il se fâcha :

– Pilgrin, descends ! Nous devons retrouver au plus vite les nôtres. Nous n'avons pas le temps de nous amuser.

– Pas de problème ! J'arrive, chef tout puissant. Je veux juste vous présenter ma meilleure spécialité : la pirouette cacahuète… Olé !

Le lutin s'élança dans les airs en un triple salto, fier comme un champion. Mais comme il devait se soumettre lui aussi aux lois de la gravité, il finit quand même par atteindre le sol. Un bruit sec de branches brisées accompagna son atterrissage. Et il disparut sous un nuage de feuilles et de poussière, aspiré brutalement quelque part dans la terre.

– Par Lutania ! s'écria Odin en courant vers le gouffre, qui tel un monstre, ouvrait une gueule béante et ténébreuse. Pilgrin ! Réponds-nous ! Es-tu blessé ?

Odin et Ysaline se figèrent au bord d'un enchevêtrement de racines et de boue sèche, qui coiffait les entrailles béantes d'un trou. Ils entendirent résonner les ronchons incompréhensibles de Pilgrin, écrasé en contrebas sur un tas de tubercules puants.

– Il faut le sauver sans attendre ! s'inquiéta Ysaline.

Elle se jeta la tête la première et sans plus de réflexion dans la fosse souterraine.

– Non ! Attends, Ysaline ! s'écria Odin, surpris par le geste irraisonné de son amie.

Mais la lutine disparut elle aussi bel et bien. Peu de temps après, sa voix gémit des profondeurs :

– Au secours, Odin ! Nous sommes cramponnés à des racines pourries. Elles vont céder !

– J'arrive ! Tenez bon ! répondit le lutin, mécontent de la tournure que prenait la situation.

Il chercha d'un regard affolé un instrument quelconque qui pourrait l'aider. Devant lui, les lianes utilisées par Pilgrin se balançaient encore avec un petit air espiègle. Son esprit malin entrevit aussitôt une solution. Il se saisit d'une des cordes et la coupa promptement avec une lame sortie de sa poche, avant de l'attacher à l'arbre le plus proche. Puis il noua solidement le deuxième bout à sa taille.

Délicatement et avec prudence, il se laissa glisser dans les aspérités du boyau. Sa vue s'habituait peu à peu à la pénombre oppressante.

– Qu'il fait chaud là-dedans, dit-il en mesurant ses gestes. Et quelle puanteur !

– Dépêche-toi, je t'en supplie ! cria Ysaline.

L'air était saturé d'odeurs lourdes et nauséabondes. Les deux jeunes apparurent enfin dans l'ombre, agrippés maladroitement à de sinistres branches tentaculaires.

– Voilà, je suis là ! Ne vous inquiétez plus.

Sa main se tendit avec précaution vers celle que lui présentait Ysaline. Mais au moment où elles allaient se rejoindre, la liane céda sous le poids du lutin. Elle se rompit, et Odin fut entraîné dans sa chute.

Il bouscula ses deux amis. Et tous les trois furent projetés dans l'horrible trou, comme happés par un siphon. Un vent sauvage les frappa aussitôt au visage tandis qu'une chute interminable commençait.

Ils rebondirent sur de l'humus ou du moisi, s'accrochant momentanément à des broussailles, puis dévalèrent des pentes rocheuses aux aspérités redoutables.

Soudain, leurs cris s'évanouirent dans l'abîme rugissant d'une profonde rivière. Ils réapparurent tels des bouchons au milieu d'un courant tumultueux, pour être aussitôt emportés dans un tourbillon puissant.

– Nous allons mourir noyés ! brailla Pilgrin dans un glouglou avalé.

Sa tête disparut sous une vague impétueuse puis réapparut miraculeusement. Ballottés comme des coquilles de noix et à moitié asphyxiés par les bulles qui pétillaient dans leurs narines, comme dans la limonade de fraisier, ils filèrent dans une course infernale. Les remous déchaînés les emportaient.

Le long torrent serpentait à l'intérieur d'une crevasse découpée par le temps dans la tendresse de la roche. Malmenant ses trois nouveaux visiteurs, il surgit dans la lumière éblouissante du soleil, et plongea avec eux depuis une barrière rocheuse. Une impressionnante cascade de plusieurs mètres les cracha dans une rivière tranquille en contrebas.

Étourdis par cette dernière chute brutale, les lutins se laissèrent dériver le long du cours d'eau devenu plus calme, en ignorant les premiers rivages, qui étaient trop escarpés pour pouvoir s'y échouer. Une berge plus accueillante se découpa enfin au pied d'une falaise et, tel un bateau ivre, ils glissèrent au hasard sur un jardin de nénuphars immenses jusqu'à atteindre la rive.

– Enfin…, soupira Pilgrin en embrassant une fleur.

– Oui... enfin, murmura Ysaline, à demi assommée.

Soudain elle ouvrit un œil et se mit à gesticuler dans tous les sens.

– Fuyons ! L'endroit est infesté de vampires !

Des sangsues gourmandes et des moustiques affamés venaient de repérer leur festin de la journée. Malgré leur épuisement, les jeunes trouvèrent la force de se redresser vivement. La peur d'endurer des piqûres ou de perdre seulement une goutte de sang, même vert, leur donnait des ailes. Un bois tout proche offrait généreusement ses multiples fourrés et taillis. Ils s'y réfugièrent, la tête aussi vide qu'une bulle de savon.

– Ça va ? s'inquiéta Odin en regardant les yeux hagards d'Ysaline.

– Mumm. J'intériorise.

– Quelle aventure, par Manakiel ! bégaya Pilgrin en crachant un peu d'eau de rivière et en nettoyant ses bottines qu'une vase visqueuse suçait avec gourmandise. Plus jamais je ne m'amuserai à sauter de liane en liane. Promis ! Juré ! Foi de Pilgrin ! ajouta-t-il en ouvrant ses orteils en éventail face aux rayons du soleil pour qu'ils en apprécient la chaleur réconfortante.

– Tu l'as dit, bouffi, s'exclama Odin en assénant une claque amicale mais vigoureuse sur l'épaule de son compagnon. Il faut nous reposer, maintenant. Mais pas trop longtemps. Nous devons vite repartir ! On nous attend !

Odin leva les yeux vers le soleil planté haut dans le ciel azuré. L'astre n'avait pas perdu de temps. Il avait quitté le zénith pour entamer une nouvelle descente vers sa prochaine nuit. L'humeur du lutin s'assombrit tandis qu'il tendait son nez pour humer l'air. Une mauvaise intuition flotta un instant dans son esprit à la vue de la brusque apparition d'un groupe de nuages à l'allure menaçante. Le ciel s'obscurcissait. Odin frissonna sans raison tandis que les ombres s'allongeaient.

– Je sens qu'un évènement sinistre aura bientôt lieu.

– Avant tout, mangeons ! coupa Ysaline avec autorité et optimisme. Nous en avons tous les trois bien besoin.

Elle se redressa et se lança à la recherche des plantes comestibles dont elle avait appris à connaître les secrets en accompagnant Aïda dans ses cueillettes. Elle aperçut des pommes de pin et les écrasa de son pied avec les pignons qu'elles abritaient. Elle cueillit des fleurs pour en soutirer le pollen et ramassa des baies pour en extraire le jus. Elle déterra des racines et en aspira le suc. Enfin, elle revint vers ses amis, munie d'une mixture moelleuse dont elle paraissait assez fière.

– Cette expédition a épuisé nos forces. Mangez d'abord cette pâte, proposa-t-elle d'un ton maternel avant de s'éloigner. Ensuite, je vous ferai un repas plus copieux. Et nous repartirons en pleine forme !

Les deux garçons enfournèrent avec prudence une bouchée, puis mâchouillèrent avec appétit pour finalement frémir de plaisir. Ysaline leur avait donné le chewing-gum des lutins, préparé habituellement par Aïda, et ils ne l'avaient pas reconnu à cause de sa couleur inhabituelle. Sa saveur tendre agrippa leur palais. Ils laissèrent fondre la gourmandise dans la bouche, en aspirèrent le goût subtil puis la firent glisser le long du gosier, très lentement. La substance se répandit dans leur gorge comme du miel et s'allongea dans l'estomac comme une caresse.

Ysaline leur présenta le résultat de ses recherches : des fruits rouges et crémeux, des fleurs odorantes, des baies sucrées, des végétaux saupoudrés de pollen, et des noisettes sauvages. Les trois jeunes se mirent à mordre avec voracité dans cette manne délicieuse. Ils avaient oublié combien la nourriture pouvait se révéler savoureuse et réconfortante quand on avait faim. Ils mangeaient si goulûment qu'en l'espace de quelques minutes tout disparut tandis qu'une onde de chaleur bouillonnait dans leur corps. Ils étaient maintenant fin prêts et pleins d'énergie.

12 - Le palais d'Agapande

Un vallon plus loin, des petits farfadets, le nez coincé dans les mailles d'un filet, contemplaient un magnifique spectacle. Le paysage se déployait sous leurs yeux abasourdis et leur bouche extasiée en un panorama si grandiose, qu'ils en oubliaient pourquoi ils se trouvaient là. Des crêtes immaculées, des cimes éclatantes et des chaînes de montagne majestueuses s'imposaient sous des cieux immenses et dégagés.

Mais Agapande, d'un claquement de mains, ramena son petit monde à la dure réalité. Les geais entamèrent alors docilement l'ascension de la première montagne. Le terrain s'élevait continuellement en une pente de plus en plus raide. La roche dure laissait peu à peu la place à des escarpements enneigés et glissants. L'atmosphère se rafraîchissait progressivement et vaporisait en buée blanche le souffle des prisonniers et de leurs geôliers. La fatigue, la faim et le froid faisaient virer les lèvres au bleu, durcissaient les bajoues et gelaient les doigts, le bout des moustaches et des nez empâtés.

Les lutins, qui étaient de nature plutôt gaie en général, n'avaient jamais éprouvé autant de crainte. Ils restaient tous silencieux, le regard inquiet ou déconfit.

– Regardez comme elle est féerique ! murmura l'un d'eux.

Ils dressèrent le nez et aperçurent la cité des neiges au bout d'une coulée de lumière, au détour du long défilé étroit qu'ils venaient d'emprunter. Le royaume se découpait, étincelant, dans une vive clarté, presque irréelle. Un rayon de soleil musarda un instant sur les multiples miroirs scintillants de ses baies translucides et de ses tours de cristal, aux courbes tortueuses. Des surfaces blanches et givrées se mirent à flamboyer.

Agapande s'écria d'une voix victorieuse :

– Voici enfin mon palais ! Geais, emmenez les prisonniers là-bas !

Elle désigna, sur la gauche de la cité et coincé entre deux crêtes cristallines, un château de glace qui élançait ses flèches vers le ciel immobile. On aurait dit un gâteau de sucre d'orge, posé sur un socle, et sur lequel on aurait sculpté des aiguilles pointues et translucides. Le palais brillait comme mille soleils.

L'équipage reprit la route et atteignit en peu de temps un large portail en fer sculpté. Deux ours blancs aux crocs acérés surgirent de derrière les grilles magnifiquement ouvragées. Ils se figèrent, la mâchoire ouverte, comme des statues au garde-à-vous. Ils n'avaient pas l'air commodes, même si pour l'instant, ils ne ressemblaient pas à de cruelles bêtes sauvages mais seulement à de bons gros nounours.

– Tu crois qu'on leur servira de repas ? demanda un lutin à son voisin.

– Je ne sais pas. Peut-être qu'elles n'aiment pas le lutin, ces bêtes-là.

Le cortège passa devant les deux colosses et pénétra dans un jardin de glace qui disparaissait sous une épaisse couche de neige et de givre. Les rares arbres étaient cristallisés. Des jets gelés jaillissaient de fontaines, immobilisés dans leur élan en de gracieuses arabesques. Pour un peu, ce décor serein aurait été agréable à contempler.

Agapande leva le bras, à quelques pas d'une lourde porte aux ferrures épaisses et tarabiscotées. Au bout du bras, sa baguette magique frémit, et au bout de la baguette, un éclair jaillit. Le bras, la baguette et l'éclair s'abattirent brutalement ensemble vers le sol. Mais rien ne sembla se passer.

– Pfff... elle n'a pas de pouvoir, cette fée ! ricana Arielin sous cape.

Pourtant, bientôt, un grondement sourd suivi d'un terrible tremblement ébranla les entrailles de la terre. Des crevasses et des pics déchirèrent la neige durcie, crevèrent le sol et encerclèrent le palais. À chaque nouveau pieu projeté vers le ciel, des craquements emplissaient l'air et fusaient en échos lugubres vers les sommets alentour.

– Voilà les fameuses crevasses dont cette sorcière nous a rebattu les oreilles ! murmura Yezalin.

– Cette fée est un véritable cauchemar, chuchota Néparin.

L'atmosphère se rafraîchit brusquement. Les criailleries sonores des derniers corbeaux qui planaient, curieux, au-dessus des têtes, furent chassées par la plainte assourdissante des sinistres claquements. On aurait dit qu'un monstre enfoui sous terre venait de surgir pour projeter sa mâchoire acérée autour du château et l'engloutir. Certains arbres du jardin disparurent dans cette tourmente.

Les lutins se regardèrent, pétrifiés de peur et d'effroi. Un vent gelé siffla entre les pieux acérés, telle une bise d'hiver. Il les saisissait et mordait leur chair. Les mines se crispèrent. Ils blêmirent. L'éclat de leurs yeux s'éteignit.

– Tout cela ne présage rien de bon, annonça Aïda, lugubre. Mes enfants, attendez-vous à bien pire.

– Voilà votre future résidence, mes chers petits lutinous, se plut à railler la fée des neiges, d'une voix onctueuse.

Et elle ajouta, gouailleuse :

– Geais ! Descendez le filet au fond de la plus profonde fissure, et lâchez-y ces nabots ! Mais, ramenez-moi la souris. Toi, ma chérie, je te garde pour le dîner !

– On ne s'aime pas assez pour que tu me dises « ma chérie » ! siffla Aïda entre ses dents.

Les prisonniers sursautèrent d'affolement. Ils bondirent pour tenter d'écarter les mailles du filet. Ils griffaient, mâchonnaient et frappaient les cordes. Les plus jeunes, qui avaient encore toutes leurs dents, les mordaient avec frénésie, comme des rats, avec l'espoir irraisonné de les sectionner. Mais ce fut peine perdue. Le filet garda fidèlement ses nœuds.

– Non ! Agapande, ne fais pas cela ! Aie pitié d'eux ! cria soudain Aïda avec fébrilité.

– Descendez-moi ces trésors tout en bas. Et plus vite que ça! s'exclama la fée en guise de réponse.

L'ensemble s'ébranla en un seul mouvement. Ballottée une

dernière fois dans les airs, comme un hameçon au bout de sa ligne, la nasse fut jetée brutalement dans la fosse la plus béante et la plus ténébreuse.

13 - Les rats

Nos trois petits lutins ne savaient pas encore que leur horrible chute avait eu un heureux résultat. La descente infernale à travers la montagne, puis la série de rapides dans la rivière tumultueuse, leur avaient fait gagner plusieurs heures de marche.

Ysaline leva les yeux au-dessus de la rivière et s'écria, la mine enjouée :

– Regardez ! Nous sommes presque arrivés ! Les sommets enneigés se trouvent juste de l'autre côté de l'eau, derrière la forêt. Nous avons seulement gagné la mauvaise rive !

– Tu as raison, dit Pilgrin. Chouette, on jouera encore aux poissons qui se noient ! Belle perspective. Sans rire, que fait-on, Odin ? Le torrent est bien trop fort pour tenter de le traverser.

– Cherchons à franchir l'eau mais par le dessus, cette fois, dit Odin. Il doit bien y avoir un pont, ou un passage plus étroit qui relie les deux berges.

Il scruta les alentours et aperçut un arbre dont les branches caressaient mollement les flots rapides. Ce dernier pouvait servir de tremplin, mais la rivière était bien trop large à cet endroit, précisément. Il examina avec insistance les bois environnants et devina des ombres intéressantes. De longues cordes pendaient depuis des branches vers le sol. L'obscurité créée par la végétation dense n'était pas très encourageante. Et la dernière fois qu'ils avaient touché des lianes, ça s'était plutôt mal passé.

– Pourtant, il faut bien y aller ! dit Odin, après réflexion.

– Hein ? Aller où ?

– Suis-moi, Pilgrin, ordonna Odin. Tu te balanceras plus vite que tu ne l'aurais voulu. Regarde là-bas ! Des lianes !

– J'espère que c'est une blague. J'avais juré de ne plus jouer au singe, en tout cas, pas ici. Ce n'est pas raisonnable, à mon avis. Je le sens pas. Odin, je te rappelle que nous venons d'échapper à la mort !

– Nous n'avons pas le choix, coupa Odin avec autorité.

Les deux garçons se laissèrent engloutir dans le cœur d'un taillis très touffu. Armés de bâtons pointus, ils éventrèrent les fourrés qui retenaient les lianes prisonnières. Un passage fut enfin ouvert sous les branchages brisés et celles qui ne demandaient qu'à tomber furent libérées. Les garçons pointèrent enfin leur nez hors des buissons et s'en retournèrent vers Ysaline, qui les attendait près de la rivière. Ravie, elle contempla les trois lianes qui se tordaient au bout des doigts de ses amis, tels trois longs serpents.

Odin les attacha solidement sur une des plus hautes branches de l'arbre qui embrassait les flots. Il redescendit vers Pilgrin et Ysaline, et décida plus qu'il ne proposa :

– Pilgrin, tu passes le premier. Tu te jettes comme tu l'as fait tout à l'heure, mais cette fois, tu lâches la corde dès que tu vois l'autre rive. Puis tu attends Ysaline et tu l'attrapes quand elle arrive sur toi.

Le lutin obéit. Il s'élança d'un bond au-dessus des flots, pour disparaître dans des *cocoricos* de rire, derrière la végétation. « Ce Pilgrin ! Il ne changera jamais », pensa Odin en le regardant d'un œil attendri.

– À toi, Ysaline, dit-il. N'aie pas peur ! Il t'attrapera.

Odin prit une deuxième corde et son air le plus confiant. La mine déconfite de son amie faisait peine à voir. Elle enfourcha maladroitement sa liane et se jeta à son tour dans le vide. Mais elle, préféra crier le nom de sa mère : elle avait toujours détesté le vide. Ses pieds avaient besoin de toucher du dur, pas du vide. Sinon, une panique incontrôlable s'emparait d'elle. Une pensée jaillit rapidement dans son esprit. Aurait-elle pu sauter dans la rivière d'Harahélin si elle avait subi les épreuves de la cérémonie d'initiation ? Cette question la ramena à la fête, et elle se demanda furtivement si elle et ses amis ne vivaient pas tout compte fait les expériences prévues par Aïda et son philtre. Après tout... Mais elle disparut dans l'épaisseur d'un fourré, et sa question aussi, laissée sans réponse.

Personne ne semblait réapparaître. Angoissé, Odin héla ses compagnons. En vain. Il réitéra ses appels avec insistance mais sans succès. Le petit lutin se lança alors au-dessus des flots. Un rapide vol plané le projeta malheureusement sur les piquants d'un sapin placé pile sur sa trajectoire. Il l'embrassa avec force et demeura là quelques instants, étourdi et aplati sur le tronc, comme une crêpe de froment qui aurait collé au plafond. Sa mère était assez adroite dans ce genre d'exercice.

Quand enfin il se décida à regarder autour de lui, il assista au spectacle le plus terrifiant de sa jeune vie, qui se déroulait en contrebas : agrippés l'un à l'autre et bloqués contre un rocher, Pilgrin et Ysaline étaient prêts à être croqués par une bande de rats. Les bêtes étaient immensément… immenses, et avaient l'air terriblement affamées. Seuls deux minuscules bâtons, tenus par deux mains tremblotantes, séparaient encore les deux lutins de ces monstres répugnants.

– Surtout, ne bougez pas et laissez-moi faire ! murmura Odin.

Il saisit discrètement deux fines branches d'un acacia voisin, et se glissa entre les ramures piquantes de l'arbre. Puis il se jeta sur l'agresseur le plus proche. Ses genoux agrippèrent fortement la nuque de l'animal pour l'empêcher de lever la tête et il frappa avec violence. Il le cogna, le rossa et l'assomma. Il y mit toute sa hargne et toute la force de ses treize ans. Les épines d'acacia mordirent le museau du rongeur, qui hurla de douleur. La bête se redressa avec véhémence, mais ne réussit pas à désarçonner son cavalier. Du sang brun et parfumé commença à jaillir par grosses gouttes. Les autres rats se retournèrent, attirés par l'odeur sucrée et suave du liquide sombre.

Ils hésitèrent. Fallait-il se jeter sur les deux enfants ou bien sur leur comparse ?

L'air sentait la chair fraîche et tendre d'un côté, le sang chaud et sucré de l'autre. L'un des rats, le plus intelligent, pensa soudain qu'une occasion unique se présentait pour prendre la place du chef. Il se jeta sur l'animal blessé, qui se trouvait être le dirigeant de la bande. Odin frappa encore et encore, réjoui de ce résultat inattendu. Puis il sauta à terre, manquant de se faire piétiner par les deux monstres qui tourneboulaient l'un sur l'autre. Il se précipita sur Ysaline et Pilgrin qui se tenaient toujours au rocher, pétrifiés et tétanisés.

Odin les gifla et les secoua, mais ils demeuraient paralysés. Alors, il saisit leurs mains et les entraîna brutalement avec lui.

– Allez ! On file ! hurla-t-il.

Le cerveau des deux lutins semblait entendre les ordres d'encouragement, mais leur corps préférait désobéir. Ils se réveillèrent enfin grâce aux secousses violentes d'Odin, et tous les trois se mirent à courir à toutes jambes, sans se retourner. Derrière eux, c'était le carnage. Tout le monde voulait devenir le chef et chacun mordait, griffait, coupait et mangeait. La technique consistait à se saigner au maximum.

Les cris lointains de la mêlée résonnaient encore très fort à leurs oreilles quand ils s'effondrèrent, les jambes flageolantes, dans la fraîcheur moelleuse d'un tapis de mousse et de digitales.

– Par Harahélin ! soupira Ysaline essoufflée. J'ai bien cru que nous allions mourir.

– Moi aussi, par Lutania ! dit Pilgrin en massant ses pieds, qui avaient chauffé pendant la course. J'ai vu ma vie défiler pendant quelques secondes. Merci mon vieux. Tu nous as sauvé la vie.

Il hésita et ajouta, le regard concentré sur ses doigts de pied :

– Tu as dû me prendre pour un immonde froussard.

– L'espace d'un moment, oui, sourit Odin. Bien sûr que non, Pilgrin, ajouta-t-il devant la mine déconfite de son ami. J'aurais fait la même chose à ta place. C'est-à-dire... rien.

– Merci de tout cœur, Odin ! coupa Ysaline, pour rompre le silence gênant qui s'installait entre les deux garçons.

Elle se jeta sur son ami, rejointe par Pilgrin. Odin prit la teinte d'une tomate mûre sous leurs effusions.

– Hé ! Vous m'étouffez ! Surtout toi, le rouquin ! ricana-t-il.

Embarrassé par cet élan, et encore tout ému de sa propre audace, il les repoussa. Peut-être était-il intimidé d'avoir dans ses bras son amie de toujours, la belle et gracieuse Ysaline ? Mais il préféra ne pas s'attarder sur cette pensée embarrassante.

14 - Le cerf

Au creux du précipice glacé, Aïda cria de toutes ses forces depuis le fin fond de sa fosse :

– Remonte les lutins, Agapande ! Je te dirai où est caché le cristal, je te le promets. Tu as gagné ! ajouta-t-elle faussement résignée sous le regard surpris de ses compagnons.

– Très bien. Je vois que tu deviens raisonnable. Remontez les lutins ! ordonna la fée aux geais.

Les oiseaux plongèrent dans la crevasse pour réapparaître presque aussitôt avec le filet de prisonniers.

– Je veux avant tout que mes amis soient mis à l'abri du froid et rassasiés. Sinon, je ne te dirai rien !

– Tu n'es pas en mesure de négocier, s'insurgea Agapande. Mais soit ! J'ai bon cœur. Voilà des couvertures, du pain et de la soupe.

Elle tapa le sol avec sa baguette. Immédiatement, les lutins furent recouverts d'une chaude fourrure et tinrent dans leurs mains un bol apaisant de soupe fumante, ainsi que du pain frais. Des cris de joie et de soulagement retentirent devant les apparitions.

– Où se trouve le cristal ? s'impatienta la fée.

Elle lança un regard soupçonneux au druide.

– Il est caché dans ma demeure, mentit effrontément Aïda.

– Fais-le apparaître. Tout de suite. Nous n'avons plus le temps de retourner chez toi. Mes chipies de sœurs rentrent cette nuit de leur voyage.

– Pour cela, il me faut un chaudron et des plantes que je suis seule à connaître.

– Bien sûr ! Et puis quoi encore ! Tu me prends pour une imbécile ?

– Tu connais comme moi la magie. Il y a des recettes et il faut les suivre à la virgule près. Sinon, on n'obtient pas le résultat escompté, répondit tranquillement Aïda en croisant les bras d'un air buté.

– Soit, je t'accompagnerai dans la forêt la plus proche avec deux geais pour te surveiller, se résigna Agapande. Tes amis resteront prisonniers ici au milieu des glaces, avec le reste de mes gardes. Mais gare à toi si tu tentes quoi que ce soit pour me duper. Je les tuerai lentement un à un. Et tu les regarderas mourir. Tu m'entends ?

L'air soumis de la souris suffit à satisfaire la fée.

Aïda et Agapande, suivies de deux volatiles, prirent à nouveau le passage étroit et glacé qui découpait la montagne en un long défilé. Elles s'engagèrent dans le dédale des escarpements qui glissaient vers la vallée. La neige cédait peu à peu la place à l'herbe mouillée et boueuse, ainsi qu'aux buissons de plus en plus épais. Heureusement, le palais n'était pas très loin des forêts. Au bout d'une heure, les premiers sapins apparurent. Le petit groupe s'enfonça alors dans les bois.

Aïda commença sa quête. Elle farfouilla le sol, gratta la terre, respira les fleurs, saisit des insectes, déterra des racines et cueillit des plantes. Elle prit tout son temps.

– J'espère que tu sais ce que tu fais et que tu ne cherches pas à gagner du temps, remarqua la fée avec impatience. Il t'en coûterait. Et surtout à tes petits amis.

– Je connais trop le sort que tu nous réserverais si j'essayais de t'abuser, répondit Aïda avec un sourire de circonstance. J'ai de nombreux ingrédients à ramasser. La composition du cristal est si subtile qu'elle exige une recette magique, extrêmement compliquée.

– Alors dépêche-toi ! s'irrita Agapande.

Aïda s'en retourna à sa cueillette et disparut derrière un buisson. Elle parvint à un espace un peu mieux dégagé. Il s'agissait d'une paisible clairière inondée de soleil. Un cerf majestueux sortit du bois tout proche et se mit à brouter de tendres touffes d'herbe. Rassasié, il redressa ses bois et contempla le druide qui venait doucement vers lui. Ses naseaux frémirent, mais pas d'effroi. L'instant magique, presque irréel, fit tressaillir Aïda de joie. Elle ne se lassait jamais de ces contacts avec les animaux sauvages. Le cerf fit un pas vers sa main tendue et le druide cajola tendrement sa truffe, tout en lui murmurant quelques mots à l'oreille.

– Aïda, où es-tu ? brailla soudain la voix rauque d'Agapande à travers le bois. Veux-tu le bec d'un geai pour t'aider à aller plus vite ou préfères-tu un coup de baguette magique ?

Le druide termina sa discussion mystérieuse et donna un léger coup sur les flancs de la bête.

– Va et n'oublie pas, chuchota-t-elle, comme pour elle-même, en contemplant la croupe duveteuse qui sauta quelques instants avant de disparaître.

– Me voici ! cria-t-elle en rejoignant son bourreau d'un pas rapide. Voilà, j'ai fini. J'ai tout ce qu'il me faut. Nous pouvons regagner ton palais.

15 - Le loup a faim

Pendant ce temps, les trois petits lutins marchaient d'un bon pas et ils se rapprochaient, sans le savoir, d'Agapande et de ses prisonniers.

– Odin, pourquoi les rats nous ont-ils attaqués ? demanda soudain Ysaline. Je croyais que nous étions invisibles.

– Tu as raison de poser cette question, Ysaline. Je pense que si le cristal disparaît, il ne nous protège plus. Nous sommes devenus visibles et courons donc un grand danger. C'est pourquoi nous devons retrouver les nôtres très vite, et surtout Aïda. Elle seule peut reconquérir le cristal et nous sauver.

Il leva des yeux inquiets en direction des bois sombres. Il avait le pressentiment désagréable d'une menace imminente. Un léger craquement de feuilles sèches résonna quelque part et transforma ce sentiment en certitude. Un second bruit, plus discret celui-là, mais vaguement plus inquiétant, se fit entendre. Le son étouffé se répéta. Il se transforma en une plainte sourde qui gronda derrière les fourrés. Un œil jaune et immense émergea dans l'épais manteau du taillis avant de s'évanouir aussitôt. Les jeunes gens sursautèrent. Avaient-ils rêvé ? Odin étouffa un juron tandis que son estomac se serrait comme une éponge qu'on presse avec vigueur.

– Courez ! Non ! Grimpez aux arbres ! Vite !

Les jeunes gens eurent juste le temps de sauter sur les branches du premier feuillu venu. Un loup surgissait des profondeurs du bois obscur. Sa fourrure grise et luisante bondit dans leur direction. Ses dents claquèrent, attirées irrésistiblement par les mollets grassouillets de Pilgrin qui pendaient avec arrogance au-dessus de son nez.

La bête, qui leur faisait face, était un vieux mâle affamé mais qui avait encore quelque force. Le loup, énervé par le balancement des jambes du lutin, se hissa sur le tronc qu'il laboura de ses griffes en gémissant. Il bavait, tournait et virait autour de l'arbre en cherchant à mordre la chair tendre. Une salive écœurante coulait de ses dents pointues.

– Tu veux goûter mes mollets ? ironisa Pilgrin, pour éviter de penser à sa peur. Ou bien mes bras ?

Il se jeta de la branche sur laquelle il s'était réfugié, et se mit à imiter le poireau qui veut se faire cueillir les pieds en haut et la tête en bas. Mais il prit soin de lever les bras pour qu'ils évitent les crocs de la bête.

– Comment peux-tu t'amuser en un instant pareil ? le gronda Ysaline. Tu pourrais tomber ! Regarde-le baver. Il attend sa proie et nous, nous sommes son repas.

– Qu'il attende, j'ai tout mon temps. On est bien ici et la vue est belle ! répondit Pilgrin, nonchalant.

Il se lança dans de gracieuses cabrioles sur la branche pourtant frêle qui le soutenait.

– Non ! dit fermement Odin. On n'est pas bien du tout ici. Nous devons nous rendre le plus vite possible dans les montagnes enneigées. Tant que le loup fait le pied de grue, nous sommes coincés.

– J'avais oublié notre mission, fit Pilgrin, la mine embarrassée. Que fait-on alors ?

– Je vais sauter et courir. Le loup me poursuivra et pendant ce temps, vous aurez la voie libre pour vous enfuir ! répondit Odin.

– C'est hors de question ! riposta Ysaline indignée. Il t'avalerait tout cru. Cette solution est complètement idiote.

– Mais non ! Je cours très vite. Tu verras, ça marchera.

Et sans attendre une nouvelle réplique de sa camarade, Odin sauta de l'arbre pour atteindre le sol.

– Dépêchez-vous ! Courez ! enjoignit-il à ses deux amis, dans un souffle.

L'animal se lança tout de suite à sa poursuite. Pilgrin et Ysaline attendirent un instant, désorientés, l'œil aux aguets et les membres tendus. Après une minute, ils supposèrent que la voie était enfin libre et quittèrent leur abri pour se lancer sur le sentier qui sillonnait les bois, en direction des neiges immaculées.

Odin courait vite, mais le loup aussi. Il était sur le point de se faire rattraper. Déjà, la bête ouvrait la gueule… Ses canines surgirent, effilées comme des rasoirs. Le jeune lutin sentit une haleine chaude et malodorante lui chatouiller les jambes. Tout à coup, il trébucha sur une racine et fut projeté un peu plus loin, sur des trèfles. Désespéré, il ferma les yeux pour attendre le choc final qui lui ôterait la vie.

Mais un bruit sourd, suivi d'une plainte, lui fit tourner la tête sur le côté, juste à temps pour voir le loup voler dans les airs et passer par-dessus lui. La bête s'aplatit mollement sur le sol. Elle gémit et trembla des pattes. Un grognement de douleur jaillit de sa poitrine et la fit tousser. Le lutin était troublé. Il releva hardiment les coudes pour prendre son élan. Mais son nez buta alors sur les pattes gigantesques d'un animal impressionnant. Une bête magnifique, un cerf, lui barrait le chemin : celui qu'Aïda avait caressé quelque temps plus tôt.

– Cours vers les neiges pour rejoindre Aïda et tes amis. Ils t'attendent avec impatience. Leur vie est en grand danger. Tu n'as plus rien à craindre, murmura avec affection le bel animal.

Il regarda le loup et ajouta :

– Il a reçu un coup de mes sabots sur les flancs. Il restera étourdi pour un bon moment.

– Mais tu parles, grand cerf ! Qui es-tu ? Est-ce Aïda qui t'envoie ? demanda Odin qui oubliait ses craintes.

Le cerf considéra attentivement le petit être de son œil noir et profond. Il se préparait à répondre. Mais ses oreilles se mirent à frémir, malgré lui. Il redressa fébrilement sa noble tête vers la brise. Elle apportait des effluves inconnus. Ses nasaux palpitèrent et aspirèrent longuement l'air. Puis le cerf recula légèrement et, d'un bond, disparut avec grâce derrière le fourré le plus proche.

Pour la deuxième fois, un animal avait adressé la parole à Odin. Et pour la deuxième fois, on n'avait pas répondu à ses questions. Le lutin hésita, déçu et perplexe, en se demandant si cette forêt abritait encore d'autres phénomènes semblables.

Mais son voisin le sortit de ses réflexions. Le loup gisait toujours à quelques mètres, agonisant. Des protestations de colère s'échappaient par moments de sa gorge, tandis qu'il cherchait à redresser son poitrail.

Odin se releva et prit la direction du nord, celle qui montait vers les neiges éternelles. Mais son pas vif fut très vite ralenti par les bois qui se faisaient de plus en plus épais. Les frondaisons étaient si denses qu'elles cachaient parfois la lumière du jour. Heureusement, il savait s'orienter grâce à la mousse sur les arbres.

L'endroit humide et sombre était propice à la rêverie, et alors qu'il se pressait vers Pilgrin et Ysaline, de nouvelles pensées affluèrent à l'esprit d'Odin. Il se remémora les épreuves vécues depuis la veille au soir, depuis cette soirée où tous dansaient la Lutania et ripaillaient, juste après avoir bu la potion.

En quelques heures, lui et ses amis avaient dû affronter des geais, une chute dans le vide et une autre dans l'eau, des rats, et maintenant un loup affamé. Était-ce normal de subir ainsi tant de malheurs, en si peu de temps ? Et Aïda, leur grand druide, venait d'être enlevée ainsi que les meilleurs guerriers d'Harahélin ! Les lutins n'avaient certainement jamais eu à surmonter autant d'épreuves depuis la guerre contre Agapande.

Odin n'avait pas vécu cet horrible épisode, puisqu'il était né justement à cette époque. D'après les anciens, la guerre avait été particulièrement féroce, et elle avait marqué les esprits, les cœurs et les chairs. Apparemment, les péripéties auraient pu durer longtemps, si Aïda n'avait pas sauvé son peuple en allant chercher de l'aide auprès des fées.

Bizarrement, il s'aperçut qu'il ne s'était jamais demandé quelles avaient été les circonstances exactes du conflit. Il ne s'était jamais véritablement interrogé sur les faits et les causes qui l'avaient provoqué. Son peuple vivrait-il un nouveau combat, avec encore et toujours, cette fameuse fée, Agapande ?

16 - Pourquoi toutes ces épreuves ?

Un petit bonnet rouge apparut. Il sautillait au bout du sentier. Odin sourit : il avait retrouvé Pilgrin. Il abandonna ses graves pensées d'un mouvement de tête volontaire et accéléra le pas.

– Ohé ! cria-t-il en courant vers ses amis.

– Il a réussi à échapper au loup ! s'exclama Ysaline en l'apercevant.

Elle s'élança vers le lutin pour se jeter avec effusion dans ses bras.

– Comme j'étais angoissée, mon Odin ! J'ai cru que nous t'avions perdu à jamais.

Elle leva vers lui des yeux humides et posa sa tête au creux de son cou.

– Moi aussi je m'inquiétais, ajouta Pilgrin qui les avait rejoints.

Étrangement, cette fois, il se montra peu enclin à louer le courage de son compagnon. Ysaline en faisait assez pour deux.

– Un cerf m'a sauvé la vie en assommant le loup juste avant

qu'il ne plante ses dents sur moi, expliqua Odin. J'avais maladroitement trébuché sur une racine et j'étais tombé. C'était fort curieux... il parlait comme vous et moi, comme le hibou de ce matin.

– Peut-être sommes-nous aidés par la sorcellerie d'Aïda ? suggéra Ysaline.

– Oui, j'en suis certain. Le cerf a parlé d'Aïda et des nôtres. Il nous faut repartir au plus vite pour les sauver. D'après lui, le temps nous est compté.

– J'en étais sûre, reprit la lutine. Aïda nous aide à distance.

Les trois lutins reprirent aussitôt le sentier épineux qui se déroulait devant eux, en évitant les ornières et les cailloux pointus qui le sillonnaient. Ils abandonnèrent enfin la forêt et commencèrent à gravir les pentes rocheuses qui débouchaient sur les neiges immaculées. Les derniers sapins, qui tentaient de braver le froid de l'altitude et apparaissaient encore ici ou là, en pointillés, laissèrent bientôt la place à une blancheur silencieuse et quelque peu oppressante. L'aspect sauvage de la contrée montagneuse impressionnait les jeunes gens. Un foisonnement de pics et de crêtes, abrupts et battus par les vents, s'étendait maintenant à perte de vue. Des galets glissaient sous leurs pieds, et roulaient jusqu'à des ravins profonds qui surplombaient les vallées encaissées que l'on devinait en contrebas.

Le froid se fit plus intense et leurs habits, trop légers, ne suffisaient plus à le braver. Pour oublier la morsure de l'air glacé, ils se mirent à courir. Mais bientôt, la raideur de la pente freina leur course. Rongés par la fatigue, ils durent ralentir.

– Comme nous étions bien, au chaud, repus et tranquilles

hier au soir, avant l'attaque ! soupira Pilgrin dans un souffle. J'ai l'impression que c'était il y a une éternité. Quand je pense qu'une seule nuit s'est écoulée depuis que nous avons bu ce breuvage si écœurant.

– Tu as raison ! ajouta Ysaline.

Elle appuya une main sur une hanche pour tenter de faire disparaître un douloureux point de côté.

– Je regrette tant ma maison douillette et si confortable. Et mes parents me manquent terriblement. Peut-être est-ce l'élixir qui a déclenché cette extraordinaire suite d'événements invraisemblables ? Ne pensez-vous pas ?

– Il est sûr qu'un lien existe entre cette boisson et toutes les épreuves que nous subissons, répondit Odin. D'ailleurs, Aïda ne nous avait-elle pas avertis ? Sa potion était censée nous aider à surmonter les épreuves qu'elle avait imaginées.

– Tu penses que le druide dirige à distance toutes ces folies qui nous tombent dessus ? Si c'est le cas, cette souris est complètement folle ! s'exclama Pilgrin. Et franchement, je ne vois pas comment et en quoi sa boisson nous aide. Nous ne sommes pas plus forts pour lutter contre les animaux sauvages qui nous attaquent, comme ces horribles rats et ce loup affamé !

– Aïda serait-elle assez inconsciente pour nous précipiter dans la gueule de telles bêtes ? reprit Ysaline. Nous avons failli périr, brisés en mille morceaux, et même être noyés ! Veut-elle que nous mourions ?

– Bien sûr que non ! Tu constates comme moi que nous sommes toujours vivants ! se hasarda Odin avec prudence.

– Mais pourquoi ne sommes-nous pas les seuls à avoir été

entraînés dans cette galère ? Pourquoi Aïda, nos pères et nos amis ont-ils été faits prisonniers ? Et pourquoi notre village a-t-il été attaqué ? remarqua Ysaline avec justesse. Cela n'a aucun sens ! Je croyais que nous devions surmonter des obstacles tout seuls.

– À mon avis, cela n'a rien à voir avec ce qui était prévu au départ par notre druide, avança Odin. Les geais et Agapande sont… comment dire… arrivés au mauvais moment, quand nous avons pris la potion. Et Aïda ne maîtrise plus rien du tout. En fait, nous ne subissons pas les épreuves qu'elle avait imaginées pour notre initiation. Nous devons faire face à un événement dramatique et bien réel, comme elle, comme nos parents, et comme tout notre village, d'ailleurs. Ce n'était pas prévu dans son plan de départ. Par contre, tout a peut-être été programmé par cette fameuse fée, Agapande !

– Alors, nous sommes perdus ! s'écria Pilgrin. Car qui viendra nous sauver si ce n'est Aïda et sa magie ?

– Tu n'as pas encore compris que nous devons sauver les nôtres ! Dès que nous les aurons retrouvés, nous pourrons les délivrer et alors Aïda utilisera sa magie et nous ramènera chez nous. Et tout redeviendra comme avant, répondit Odin avec impatience.

– Tu es bien optimiste. Moi, je pense que ce voyage interminable et périlleux n'est pas près de s'achever, se lamenta Ysaline en dressant le nez vers la plus haute cime.

– Suis pas un héros, moi ! bougonna Pilgrin.

17 - Le faux cristal

Le calme régnait à l'extérieur du palais d'Agapande. L'inquiétude et le froid faisaient leur travail et étreignaient le cœur des lutins qui s'alourdissait davantage à chaque minute. Aïda était passée devant eux, mais sans un regard. Elle était suivie de près par la fée et les deux geais. Toutes sortes de végétaux pendaient de son tablier. Les lutins s'inquiétaient, las et découragés, l'esprit assailli de mille questions anxieuses. Quel sort leur serait réservé ? Devaient-ils attendre sagement ou bien se révolter et se battre ? Comment Aïda pourrait-elle livrer le cristal puisqu'il avait disparu ? Pourquoi ne leur donnait-elle pas l'ordre de s'enfuir ? Peut-être avait-elle réussi à négocier leur liberté ?

La vieille souris semblait au contraire très sûre d'elle. Elle avait réclamé un chaudron à son ennemie, car sans lui, elle ne pouvait pas concocter sa mixture magique. La fée avait alors frappé le sol de sa baguette, comme à son habitude. Une monstrueuse marmite remplie d'eau bouillante avait surgi au sein de l'entrée majestueuse et glaciale du palais. Une flambée crépitait à présent, pour maintenir le bouillon à ébullition.

A priori, les pouvoirs d'Agapande se renforçaient un peu

plus à chaque instant. La fée ne semblait plus avoir aucun souci pour obtenir ce qu'elle désirait depuis qu'elle était arrivée dans son domaine. Aïda, au contraire, devait se montrer plus adroite, car elle continuait de perdre ses forces depuis qu'elle était prisonnière dans ce palais. Elle n'était pas sûre de réussir son projet. Puisqu'elle ne pouvait communiquer avec le cristal du village, elle tenterait d'en créer un autre pour faire illusion. Mais comme elle ne disposait que de peu de temps pour cette création, le nouveau cristal serait certainement éphémère. Dès qu'Agapande aurait reçu satisfaction, il faudrait la persuader de les relâcher. Tous. Sinon, il faudrait fuir au plus vite car la fureur de la fée se déclencherait à la disparition de la pierre. Cette colère leur serait fatale.

Aïda commença à chanter ses imprécations et détailla une à une toutes les plantes ramassées. Ses petits yeux ronds roulaient dans tous les sens, comme des billes sur un plateau. Son visage était devenu extatique : elle était en transe.

Le temps s'écoulait, lent et morne, rythmé par sa voix aigrelette qui ânonnait des incantations sur fond de mélopées lancinantes. Un panache de fumée opaque s'élevait du chaudron et emplissait la pièce d'une odeur sucrée et salée à la fois.

Les loups affamés qui formaient la petite cour rapprochée d'Agapande humaient les effluves avec délice. Des filets de bave s'écoulaient de leurs gueules. Ils gémirent d'impatience. Leurs queues battaient l'air avec frénésie. Agapande jeta quelques os pour les calmer. Elle ne supportait pas quand ils se mettaient à hurler à la lune. Leurs « hou ! hou ! » avaient toujours eu le don de l'agacer au plus haut point.

Se tournant vers Aïda, elle s'énerva, impatiente :

– Me ferais-tu attendre ? Je trouve que ton manège est bien long ! N'oublie pas qu'à tout moment, je peux reprendre les couvertures et le pain que j'ai donnés à tes ouailles. Le soleil décline et il fera de plus en plus froid dehors !

– Voilà, j'ai terminé ! répondit vivement Aïda. Bois ceci, et répète après moi la phrase magique : « Daï daï par Lutania, nam nam par Harahélin, que le cristal apparaisse et que je disparaisse ! »

– Surtout, n'essaye pas de me tromper, dit la fée en allongeant une grimace de dégoût devant le potage vert-marron, où nageaient une multitude de petits résidus noirs.

Ils ressemblaient à des déchets ou à des crottes d'insectes, et elle hésitait à les avaler.

– Bois, toi d'abord ! ordonna-t-elle brusquement.

– Je ne le puis car je suis celle qui crée, répondit Aïda.

Agapande se tourna vers un de ses loups et lui tendit la coupe.

– Il faut que ce soit une personne qui boive, l'avertit Aïda. Un animal n'a pas le droit d'avaler la potion. Sinon, le charme sera brisé.

– Et si tu avais dans l'idée de m'empoisonner ? gronda Agapande, méfiante.

– L'envie de le faire ne me manque pas, pour tout t'avouer. Mais je ne suis pas folle. Je sais ce que j'encourrais... Je te sais capable de nous tuer tous, même si tu es à l'agonie. Alors ? Je te pensais plus téméraire ! ajouta la souris pour narguer son ennemie.

Piquée au vif, Agapande se décida à consommer la mixture avant de réciter la phrase magique. Et l'enchantement s'accomplit. La fée disparut dans un nuage laiteux et un joli cristal aux mille facettes brillantes se mit à tournoyer dans les airs. On le distinguait à travers les volutes brumeuses qui flottaient autour de lui. La voix de la fée s'éleva, enthousiaste et inquiète à la fois :

– Ça a marché ! Tu as réussi à faire apparaître le cristal ! Et je suis devenue invisible ! Comment puis-je réapparaître ?

– Dis la phrase inverse : « Que je réapparaisse comme le cristal, man man par Harahélin, ïad ïad par Lutania. » Tu réapparaîtras et le cristal sera auprès de toi définitivement.

La fée s'exécuta et réapparut aussitôt.

– Qui me dit que tu ne vas pas, toi aussi, prononcer les mots magiques pour ensuite disparaître ?

– C'est impossible, pour la simple raison que je n'ai pas le droit de participer, puisque j'ai créé le cristal et les incantations d'invisibilité. La règle est la même dans les concours. Les organisateurs n'ont pas le droit de participer. La recette est intransigeante sur ce point, ajouta Aïda d'un ton dégagé. Maintenant, rends-moi la liberté ainsi qu'à mon peuple ! réclama-t-elle fermement. Tiens ta promesse !

La fée se rengorgea, calée sur son trône et goûtant visiblement l'instant présent.

– Non, pas encore. Tant que je ne me serai pas occupée de mes sœurs, vous resterez ici. Vous attendrez avec moi leur retour. Je risque d'avoir besoin de tes talents de magicienne, une nouvelle fois.

– Ce n'est pas ce qui était convenu ! Tu m'as menti ! s'insurgea la souris. Tu crains tes sœurs et tu n'es pas sûre de tes pouvoirs ! Même si tu prétends qu'ils grandissent depuis que tu es dans ton palais.

– C'est ainsi. Tu n'as pas à discuter mes désirs et mes ordres. Gardes ! Enfermez-la dans cette pièce ! Mais ne t'inquiète pas, Aïda. Mes sœurs rentrent cette nuit et le soleil se couche dans deux heures environ. Nous n'avons plus très longtemps à attendre. Le dénouement est proche. Je vais faire installer un feu dehors pour tes lutins afin qu'ils puissent patienter. Tu vois que je ne suis pas si ingrate, ajouta-t-elle, cynique.

La fée frappa le sol et une lueur chaude et dorée se mit à luire à travers les vitraux transparents qui ornaient la porte d'entrée. On entendit des acclamations : les lutins se précipitaient vers le foyer pour se réchauffer. Agapande se tourna vivement vers sa suite.

– Que des loups partent vers la cité des fées pour surveiller la venue de mes sœurs. Et qu'ils m'avertissent au plus vite. Exécution !

Aïda fut jetée dans une pièce contiguë à l'entrée, dans un bruit de serrure métallique. L'endroit était exigu et les murs suintaient d'eau gelée. Il faisait très froid. La cellule, plongée dans l'obscurité, était faiblement éclairée grâce à une petite lucarne, qui laissait passer les rayons de la lune, et dont la souris ouvrit l'unique battant. Elle put ainsi respirer longuement l'air glacé qui pénétrait à l'intérieur du cachot et givrait ses narines. Puis, dans un geste solennel, elle joignit ses fines mains en prière. Elle commença à psalmodier en se concentrant sur les visages d'Odin, d'Ysaline et de Pilgrin.

Leurs noms chuchotés s'élevèrent vers le ciel, comme les pépiements d'une petite hirondelle :

– Enfants d'Harahélin, arrêtez votre course et écoutez-moi !

Aïda mit les mains au-dessus de ses oreilles et exécuta des petits sauts dans la pièce. Elle imitait l'un de ses amis, le lièvre des montagnes. Finalement, c'était une bonne chose que les lutins ne puissent la voir, car ils auraient été pris de terribles fous rires et ils l'auraient sans doute déconcentrée.

18 - Le lièvre des neiges

Les trois enfants n'étaient plus très loin de la cité des neiges. Ils arpentaient un sentier dont la forte pente escarpée menait vers les premières neiges, celui-là même qui aboutissait au défilé et s'ouvrait plus loin sur la cité des fées et sur le palais d'Agapande. Pourtant, au détour d'une courbe, une apparition arrêta net leur élan. Dans la vive clarté bleutée, une silhouette se découpait en contre-jour. Un grand lièvre blanc à la douce fourrure ouatée avait surgi, tel un fantôme.

– Odin, Ysaline, Pilgrin ! Enfants d'Harahélin, suivez-moi ! ordonna l'animal.

Et sans plus attendre, il s'élança en faisant de larges bonds vers le défilé étroit qui traversait la falaise la plus proche en une faille profonde. Les lutins n'en étaient plus à une surprise près. Un animal leur adressait encore une fois la parole. Ils se regardèrent un instant, indécis.

– Que faut-il faire ? Le lièvre est déjà loin, demanda Ysaline.

– Il vient de disparaître au fond du passage étroit ! cria Pilgrin.

– Nous n'avons plus vraiment le temps de réfléchir, ordonna Odin. Il faut le suivre dans la gorge avant de le perdre de vue. Heureusement qu'il laisse des empreintes profondes dans la neige.

Une lumière bleutée de plus en plus brillante éclairait le bout du long défilé, où deux longues oreilles se découpaient en ombre chinoise. Le lièvre s'était arrêté. Il contemplait la fière cité. Les lutins s'approchèrent doucement, éblouis par l'immensité du paysage enneigé qui dégageait une force sereine. Sur la gauche du royaume, un immense palais de glace, enfermé entre des crêtes élancées, tendait fièrement vers le ciel ses aiguilles acérées. Un tourbillon d'air froid provenant des hauts sommets déchiquetés couvrit la peau des jeunes gens d'une imperceptible poudre givrée. Ils frémirent, mais un sourire glissa sur leurs traits.

– Notre quête touche à sa fin, souffla Odin.

Ses yeux étaient baissés vers ce qui ressemblait à l'entrée d'un jardin pris dans le givre. Il y distinguait un grand feu qui crépitait à l'entrée d'un palais.

– Regardez ! Des silhouettes s'animent de temps en temps à la lueur dansante des flammes, dit-il à ses amis.

– Oui, on devine des bonnets pointus et des oiseaux immenses, murmura Ysaline.

– Ce sont les nôtres. Et ils sont gardés par les geais, ajouta Pilgrin dans un soupir, le cœur gonflé de soulagement et de joie.

Ils retrouvaient leurs compagnons et maintenant, ils brûlaient d'impatience de se jeter dans les bras de leurs parents.

Le lièvre se retourna et dit, solennel :

– Voici le fief d'Agapande, la fée qui s'est emparée d'Aïda et de vos pères. Tous sont retenus prisonniers. Aïda a créé un cristal qui rend invisible, pour satisfaire le désir de la fée. Mais cette dernière ignore qu'il ne s'agit pas de la vraie pierre précieuse, celle qui protège d'habitude votre village Harahélin. Le sortilège s'arrêtera bientôt, car ce cristal n'a pas de valeur. Il a été conçu rapidement et il disparaîtra au crépuscule. Les forces d'Aïda déclinent très vite.

– Que pouvons-nous faire pour les sauver ? demanda alors Odin.

– Dans moins de un plus un, donc deux heures, le soleil se couchera et le cristal disparaîtra. Agapande s'apercevra alors qu'elle a été trompée. Elle risque de tuer tout le monde pour se venger. Toi, Odin, rends-toi au palais pour délivrer Aïda !

– Et nous, que faisons-nous ? s'inquiéta Pilgrin. Nous n'allons pas rester ici les bras ballants !

– Pendant ce temps, Ysaline et toi, vous attacherez les pattes des geais aux mailles du filet qui doit encore se trouver près des vôtres. Puis vous fuirez avec eux. Les geais menottés ne pourront pas vous suivre. En tout cas, pas tout de suite.

Le lièvre reprit sa respiration par petits halètements. Il semblait essoufflé. En réalité, Aïda n'arrivait plus à maintenir son image dans son esprit. Epuisée, elle allait devoir laisser les enfants.

– Que ferons-nous si les oiseaux nous surprennent ? s'inquiéta soudain Odin.

– Dites la phrase magique « Daï daï par Lutania, nam nam par Harahélin, que le cristal apparaisse et que je disparaisse ! » Vous deviendrez invisibles grâce au cristal qui se trouve en ce moment même dans le palais. Ayez confiance, courage ! Demain est un autre jour !

Le lièvre leur lança un regard confiant et disparut brusquement. On n'entendait plus que la bise qui soufflait froidement contre les parois abruptes des falaises, avant de s'engouffrer dans les profondeurs du ravin.

– Sorcellerie, vous dis-je ! s'écria Pilgrin brusquement en rompant le sifflement du vent. Peut-être est-ce un piège d'Agapande pour que, nous aussi, nous tombions dans ses griffes !

– Non ! répondit Odin, impatient. Je suis sûr que non ! Aïda nous envoie ce lièvre ! Il connaissait notre devise et il comptait comme elle. Il a dit « quand un plus un, c'est-à-dire deux » ! De toute façon, nous verrons bien une fois rendus devant le palais si l'incantation d'invisibilité fonctionne ou pas. Moi, je pars délivrer les nôtres. Quel choix avons-nous de toute façon ?

Le lutin se mit à courir vers le palais d'Agapande en abandonnant ses deux amis, encore hésitants. Ysaline jeta un regard interrogateur à Pilgrin.

– Tu viens nous aider ? demanda-t-elle.

– J'en ai l'air ? répondit le lutin, boudeur, en lançant une boule de neige en direction d' Odin.

– As-tu une autre solution ? lui rétorqua Ysaline dans un haussement d'épaule, le ton faussement désinvolte.

Elle s'élança derrière Odin aussi vite que le sentier chaotique et enneigé le lui permettait. Le petit rouquin, abandonné à lui-même, fut pris d'une vive angoisse et se lança à son tour à la suite de ses amis. Il plantait ses pas dans les leurs, mais le manteau neigeux avalait parfois ses jambes et il s'affola :

– Hé, attendez-moi ! Attends-moi, Ysaline ! Quelle phrase doit-on dire déjà ? Comment faites-vous pour ne pas vous enfoncer dans cette satanée poudreuse ?

19 - Ysaline et Pilgrin délivrent les leurs

Les trois lutins arrivèrent devant les grilles du palais, mais ils reculèrent très vite, découragés. Deux ours montaient la garde, avec l'air de vouloir avaler le premier visiteur trop curieux qui se risquerait à passer par là. Résolus à pénétrer dans le palais coûte que coûte, ils contournèrent l'enceinte qui bornait le jardin jusqu'à trouver une ouverture dans la roche et la neige.

Ils étaient à présent cachés derrière un bloc de glace, tout près des prisonniers et de leurs gardes, du côté de l'entrée de l'édifice. La corpulence des geais leur semblait toujours aussi impressionnante.

– De vrais poulets géants élevés au grain et en plein air, murmura Ysaline avec malice.

– Un coup de bec ou de patte et tu te retrouves aplati comme une crêpe, grinça Pilgrin entre ses dents.

Odin se tourna vers eux :

– Je vais dire la phrase magique et je cours chercher Aïda. Vous deux, faites ce que le lièvre a demandé. Vous attachez les pattes des geais discrètement au filet et vous entraînez les nôtres vers le défilé. Je vous rejoindrai avec Aïda le plus tôt possible.

Odin récita vivement le sort avec rythme, comme s'il s'agissait d'un refrain, et il se dissipa immédiatement.

– Tu es toujours là ? s'alarma immédiatement Ysaline, stupéfaite de constater l'impact rapide de l'incantation.

– Je suis tout près de toi. N'aie aucune crainte, murmura Odin.

Un baiser doux et caressant effleura la joue d'Ysaline. La lutine frotta doucement son visage et rougit comme une cerise.

– N'en profite pas, coquin, dit-elle en riant, dans un hoquet de surprise.

– Qu'a-t-il fait, Ysaline ? s'inquiéta Pilgrin, troublé par le rire de la jeune fille.

Odin donna à son ami une petite tape sur l'épaule.

– Mais rien du tout, mon Pilgrin, t'inquiète pas. Je vous laisse.

Il leva le nez vers le soleil.

– D'après les dires du lièvre, il nous reste moins de deux heures environ avant le crépuscule. Occupez-vous des geais ! Ne tardez pas ! À bientôt et… courage !

Ysaline prononça la formule magique d'un air volontaire et disparut à son tour. Pilgrin répéta l'incantation mais avec plus d'hésitation. Malheureusement, elle ne sembla pas faire d'effet sur lui. Il avait bel et bien oublié les paroles.

– Ysaline, aide-moi ! Je vois toujours mes mains et mes pieds ! Je n'arrive pas à devenir invisible ! dit-il paniqué.

Mais la lutine ne l'entendit pas. Elle avait déjà quitté les lieux. Bouleversé, il sortit de sa cachette et s'approcha discrètement des prisonniers. Il aperçut sur le sol enneigé le filet, qui bougeait discrètement. De fines cordelettes glissaient entre les pattes des oiseaux, nouées plus loin aux mailles de la nasse. Dans l'espoir d'approcher Ysaline, Pilgrin décida de s'avancer un peu plus. Mais il se mit à découvert et en danger. Un geai le surprit et s'approcha aussitôt.

– Tu comptes faire quoi, espèce de volaille mal embouchée ? T'asseoir sur moi ? Me tente pas ! fit le lutin avec autorité en tendant les poings.

Mais le geai, nullement impressionné, le saisit par le pantalon, et Pilgrin ne put que déplorer l'inefficacité de ses paroles. Les yeux ronds et idiots du volatile le contemplèrent un instant, étonnés, avec l'air de se demander d'où pouvait bien sortir un tel petit bonhomme, surtout si jeune. L'oiseau hésita longuement face à cette prise insolite. Devait-il appeler Agapande ? Finalement, il préféra jeter le jeune garçon au milieu des autres prisonniers. Après tout, ce n'était qu'un lutin de plus. Et court sur pattes, de surcroît. Certainement inoffensif.

Pilgrin se releva péniblement sur la neige presque gelée.

– Hé, doucement espèce de cocotte en gelée ! Tu m'as fait mal ! grogna-t-il en frottant ses fesses endolories.

Les cris surprirent Arielin qui avait reconnu la voix de son fils.

– Pilgrin ? C'est toi ? s'étonna le lutin en prenant garde de ne pas hausser le ton afin de ne pas éveiller les soupçons des vigiles. Tu es là ?

– Oh ! Comme je suis content de te retrouver ! s'exclama Pilgrin. J'ai eu si peur de ne plus jamais te revoir.

Le jeune garçon se blottit dans les bras de son père pour y puiser chaleur et réconfort.

– Mon Pilgrin, tu m'as tant manqué ! répondit Arielin, visiblement soulagé. Aïda avait raison de nous faire espérer, et je n'ai pas eu assez confiance en elle. Vous nous avez retrouvés, finalement. Moi aussi, j'ai eu peur de te perdre, mon Pilgrin. Viens que je t'embrasse.

Il serra son fils avec affection contre sa poitrine jusqu'à l'étouffer.

– Où sont passés Odin et Ysaline ? chuchotèrent Yezalin et Néparin qui s'étaient approchés avec discrétion, leurs yeux inquiets dirigés vers les geais.

– Odin est parti au palais pour délivrer Aïda. Et Ysaline est en train d'attacher les pattes des oiseaux aux mailles du filet. Mais chut, ils ne doivent pas s'apercevoir de notre manège, chuchota le petit lutin.

– Ma petite fille est là ? Mais je ne la vois pas ! s'écria Néparin, déconcerté.

– Père ! dit une voix fluette près du groupe.

– Ysaline ? C'est toi mon enfant ? Mais où es-tu ?

À l'évidence, Néparin cherchait sa fille des yeux. Deux petits bras entourèrent son cou avec affection et des baisers, tendres comme des beignets au miel, se déposèrent sur ses joues. Il fut aussitôt rassuré.

– Ma puce, j'étais si inquiet. Mais tu es invisible ? Comment as-tu fait ?

– Oh ! Mon papa d'amour ! Comme je t'aime ! Aïda a créé un nouveau cristal qui rend invisible quand on prononce une incantation. Pilgrin, pourquoi ne m'aides-tu pas ? Et pourquoi n'es-tu pas transparent ? demanda Ysaline, la voix soudain autoritaire.

– Quand je dis « Man man par Harahélin, ïad ïad par Lutania, que le cristal apparaisse et que je disparaisse ! » le sort ne fonctionne pas sur moi, répondit le lutin.

– Pilgrin, crie moins fort ! s'affola son père.

– Trop tard. Les geais nous ont entendus. Regardez, il y en a un qui s'approche de nous ! Chut ! murmura Yezalin.

Effectivement, un oiseau avait remarqué l'attroupement anormal. Il s'avança vers le groupe, l'œil inquisiteur. Les lutins retinrent leur souffle et firent semblant de réchauffer leurs mains tendues vers le feu qui crépitait toujours près de l'entrée. L'oiseau inspecta un à un chaque prisonnier. Il les compta et les répertoria. Bizarrement, il semblait y en avoir un en trop. Mais il n'avait jamais été très fort en calcul mental. Il s'éloigna donc, un peu déçu de ne rien avoir trouvé de véritablement intéressant.

– Mais non, bêta ! Il faut dire « Daï daï par Lutania, nam nam par Harahélin, que le cristal apparaisse et que je disparaisse ! » Chaque mot compte. Essaye, maintenant ! lança la jeune fille avec impatience.

Pilgrin répéta l'incantation, avec soin cette fois. Et bien sûr, il disparut aussitôt.

– Ça fonctionne ! cria-t-il rayonnant de joie. Mais je ne te vois toujours pas !

– Évidemment, bêta ! lui rétorqua Ysaline. Viens m'aider à attacher les derniers geais ! Il ne faut plus tarder, sinon ils finiront par se douter de quelque chose. Il ne nous reste plus beaucoup de temps. Le soleil me semble bas sur l'horizon.

– Pourquoi ne dirions-nous pas, nous aussi, la phrase magique pour disparaître et nous enfuir ! s'écria un des pères.

– Non, pas encore ! s'exclama Ysaline. Attendez mon signal. Il faut d'abord que tous les geais soient attachés. Ficelés, ils auront plus de mal à nous poursuivre. C'est l'idée d'Aïda. Allez retrouver les autres et apprenez-leur la formule d'invisibilité en attendant !

La lutine leur répéta lentement la litanie magique jusqu'à ce qu'ils la sachent par cœur. Puis ils rejoignirent leurs compagnons, qui somnolaient dans un coin près du feu, et qui ne s'étaient pas encore aperçus de l'arrivée des deux adolescents.

20 - Odin délivre Aïda

Pendant ce temps, Odin avait réussi à tromper la vigilance des deux loups qui gardaient l'entrée. Il s'était frayé un chemin tant bien que mal entre les deux bêtes, si grandes et si maigres, couchées en travers des marches du perron. Maintenant, il franchissait le seuil du palais et se faufilait discrètement dans l'immense hall d'entrée.

Le lutin s'arrêta, hypnotisé par la beauté du vestibule. Une vaste et haute galerie voûtée se dressait devant lui, imposante et froide, ornée d'arches de glace aux multiples sculptures sophistiquées qui rejoignaient des piliers épais comme des troncs de sapins géants. Des ouvertures creusées dans les murs laissaient passer la lueur dorée et déclinante du soleil, à travers de riches vitraux gravés dans des verres blancs ou opalins.

Au fond de la pièce, un trône gigantesque était sculpté dans la glace. Assise au milieu de somptueux coussins brodés et de tapisseries fines, la fée Agapande semblait absorbée dans un jeu. Un cristal tournoyait dans les airs, juste à côté d'elle, et diffusait une lumière douce, presque irréelle, à cet endroit.

La fée s'amusait à disparaître et à réapparaître, répétant sans cesse les incantations d'Aïda. Odin se sentit mal à l'aise face à cet étrange spectacle. Agapande jouait comme une enfant avec son nouveau jouet. Mais deux loups décharnés, à l'allure cruelle et famélique, assis aux pieds de leur maîtresse, rappelèrent au lutin que la fée n'était pas du tout une fillette innocente et joueuse.

Taraudées par la faim qui nouait leurs pauvres estomacs, les deux bêtes féroces épiaient les moindres gestes d'Agapande. Peut-être s'attendaient-elles à ce que la fée leur jette quelque chose à croquer quand elle aurait fini ses enfantillages ? Soudain, l'un des loups commença à hurler, la tête tournée vers Odin. Avait-il senti sa présence ?

Le lutin frissonna d'inquiétude. Mais reprenant courage, il s'élança vers la fée et réussit, après un grand détour, à se glisser derrière son trône. Les deux gardiens humèrent l'air dans sa direction. Il fallait faire vite ! Odin essaya d'ouvrir l'une des nombreuses portes qui habillaient le mur du fond de la pièce. Le lutin se sentit découragé. « Je n'y arriverai jamais, pensa-t-il avec amertume, dans un moment d'égarement. Il y a beaucoup trop de portes. Et elles sont sûrement toutes fermées à clef. Où peut bien se trouver Aïda ? Le soleil se couchera bientôt et je ne l'ai pas encore trouvée. »

Soudain, Agapande émit un grognement rauque. Odin se figea sur place et s'arrêta de respirer. Submergé par la crainte d'être découvert, il en avait oublié qu'il ne pouvait être vu. La fée se leva et marcha vivement dans sa direction. Elle sortit une longue clef de sa poche et la fit tourner à l'intérieur d'une lourde serrure aux arabesques compliquées.

– Aïda ! Viens par ici ! ordonna-t-elle.

Elle ouvrit la porte avec violence, puis s'en retourna d'un pas rapide vers son trône.

– Tu cherches à m'infliger de nouvelles humiliations ? s'enquit le druide en rejoignant la fée.

– Voilà deux fois que je prononce la phrase magique et je ne disparais pas totalement. Je peux voir mes mains et mes pieds. Que se passe-t-il ? demanda sèchement Agapande.

– Es-tu sûre de prononcer correctement la formule ?

– Tout à fait. Je la connais par cœur.

– Alors il faut sûrement que tu boives plus de potion ! Je vais t'en chercher, proposa Aïda.

Sans attendre la réaction de sa geôlière, le druide s'éloigna d'un pas alerte vers le chaudron qui était resté dans un coin de l'immense entrée. Elle devait profiter de l'occasion pour s'enfuir. Il n'y avait plus de temps à perdre. Le cristal était déjà en train de mourir, puisque ses effets s'atténuaient. Elle fit mine de se pencher au-dessus du bouillon. Prête à marmonner l'incantation pour disparaître, elle se figea soudain de stupeur. Quelque chose pressait sa main.

– Aïda, c'est moi ! chuchota Odin à son oreille. Il faut nous enfuir au plus vite.

La vieille souris soupira, soulagée. Jamais elle n'aurait cru être si heureuse d'entendre la voix grave et cassée du jeune garçon. Elle murmura doucement la formule magique, et s'éclipsa aussitôt.

Agapande, qui la surveillait du coin de l'œil, se redressa pour mieux hurler sa colère :

– Aïda ! À quoi joues-tu ? Je croyais que tu ne pouvais pas

utiliser l'incantation ! Veux-tu que tous tes lutins soient jetés dans une crevasse et tués ? Gardes ! Gardes, à l'aide ! vociféra-t-elle.

Mais aucun oiseau n'entra dans la pièce. La fée, hors d'elle, se précipita à l'extérieur, suivie de ses deux loups qui geignaient. Quelle ne fut pas sa surprise ! Tous les geais gesticulaient, empêtrés dans le filet. Ils caquetaient comme des poules auxquelles un renard aurait volé les œufs. Bien sûr, les prisonniers avaient tous disparu.

– Bande d'abrutis à la cervelle de moineau ! cria-t-elle. N'avez-vous rien vu venir ? Et vous, les loups ! À quoi servez-vous, je me le demande ! ajouta-t-elle, hurlante.

Elle se retourna vers ceux qui étaient censés garder l'entrée du palais et les fouetta vivement de sa baguette qui venait de se transformer en cravache. Les bêtes gémirent sous les coups redoublés, tandis que des gouttes de sang mouillaient leurs truffes.

Enfin lassée de les battre, Agapande frappa le sol. Les liens qui maintenaient les pattes des geais se désagrégèrent comme par enchantement. Les oiseaux, libérés, se mirent aussitôt au garde-à-vous, tête ployée, prêts à recevoir la pluie de coups qui allait s'abattre sur leurs têtes. Mais la fée était bien trop pressée. Elle avait déjà perdu assez de temps et elle préféra siffler entre ses doigts. Les deux ours qui se trouvaient aux abords du jardin surgirent dans des gerbes de poudre blanche en faisant des bonds lourds et puissants. De nouveaux loups, tout aussi affamés que les deux gardes du corps de la fée, surgirent derrière eux. Ils revenaient de la cité des fées.

– Suivez-moi ! ordonna Agapande.

Elle se hissa sur la croupe épaisse d'un de ses ours. Ses mains agrippèrent fermement les poils durs de la bête, aux reflets blancs et éclatants.

– Partons à leur poursuite ! Je pense savoir où ils se trouvent. En avant, au défilé ! Nous n'avons plus une minute à perdre !

La montagne résonna du martèlement des pattes sur le sol durci et gelé. Des grognements sourds scandèrent la chevauchée sauvage et maléfique, tandis que des ombres bleues s'allongeaient sur la neige immaculée.

Le soleil se couchait.

21 - La fuite

Les lutins atteignirent le défilé de glace, la seule issue qui permettait de rejoindre les forêts profondes, plus bas dans la vallée. Malheureusement, le jour touchait à sa fin. Les crêtes jouaient avec le soleil. Elles cherchaient à le dégonfler avec leurs aiguilles effilées. L'obscurité croissait, et des ombres mauves et bleutées se déployaient tandis que le ciel s'enflammait. La glace prenait une teinte orangée presque aveuglante.

Les fuyards, quant à eux, perdaient petit à petit leur transparence. Ils avaient beau chanter sans cesse l'incantation comme le refrain d'une chanson, ils redevenaient visibles les uns après les autres. Le nouveau cristal, resté au palais, ne remplissait plus son rôle. La pierre mourait à l'approche de la nuit, comme prévu, et avait de moins en moins d'effet sur eux, au fur et à mesure qu'ils s'en éloignaient.

– Hâtez-vous ! cria Ysaline, qui fermait la marche. J'aperçois Agapande et sa garde. Ils se dirigent vers nous. Ils nous ont repérés.

– Courez, courez ! hurla Aïda, qui venait d'apparaître avec Odin à ses côtés.

– Comme je suis contente de te voir, Aïda, s'écria Ysaline en se jetant dans les bras de la souris. Tu es vivante. Toi aussi, mon Odin ! ajouta-t-elle d'une voix tendre. Je me suis tant inquiétée !

À ces mots, deux taches rose framboise apparurent sur les joues de la jeune fille. Dans sa joie de revoir ses deux compères, elle avait laissé parler son cœur sans retenue. Odin esquissa un sourire timide. Une sensation nouvelle et chaude électrisa son corps, malgré lui. Il était si heureux, lui aussi, de retrouver son amie ! Mais ce n'était pas le moment de rêvasser. Yézalin, animé d'une joie indicible, s'approcha de son fils et le saisit avec affection.

– Mon petit, comme j'ai eu peur de te perdre, murmura-t-il, la voix éteinte par l'émotion.

– Oh ! Père ! Je suis si heureux de te retrouver, répondit Odin.

Il serra son père contre lui avec effusion.

– Allons, les enfants, plus tard, les retrouvailles ! En avant, par Lutania ! ordonna Aïda avec autorité. Que la foi soit avec vous ! Pensez à notre devise !

Encouragés par leur druide et heureux de revoir le dernier des enfants disparus, les guerriers redoublèrent d'effort. Leur naturel optimiste reprit le dessus et ils se mirent à courir encore plus vite. Maintenant, tout espoir était permis. Ils réussiraient à échapper aux griffes d'Agapande.

Ils franchirent l'entrée du défilé, mais le terrain se révéla vite impraticable. Plongé dans une semi-obscurité, à l'ombre des falaises, il était parsemé d'énormes blocs rocheux. De plus, la fraîcheur de la nuit apportait des nappes de brouillard qui dansaient dans les jambes des lutins et leur cachaient les obstacles menaçants, tels des cailloux pointus, morcelés ou glissants. Les étoiles et la lune scintillaient, éclatantes dans le firmament, mais leur lumière froide ne suffisait pas à éclairer le passage. Discernant avec de plus en plus de difficulté le chemin devenu escarpé, la troupe fut obligée de s'arrêter. Aïda saisit alors une poignée de fleurs, jusque-là tenues cachées dans son tablier, et la jeta vers les astres. Les fleurs planèrent un instant, hésitantes, au-dessus des têtes. Puis elles se laissèrent emporter par une faible brise, avant de s'arrêter devant les lutins pour s'illuminer comme autant de minuscules lanternes. Des cris de joie s'élevèrent : leur faible lueur éclairait suffisamment la trace du sentier.

– Nous pouvons reprendre notre course, cria le druide. Vite ! Vite !

Mais il était trop tard.

Agapande et ses animaux pénétraient, eux aussi, dans la gorge. Ils n'étaient plus qu'à quelques centaines de mètres des fugitifs. On pouvait entendre la fée hurler ses ordres. L'écho de sa voix rebondit contre les parois vertigineuses et lugubres des falaises :

– Ils sont là, devant nous ! N'épargnez personne ! À l'attaque ! À l'attaque ! À l'attaque !

Les geais furent les plus rapides, et donc les premiers à attaquer. Ils foncèrent vers la petite troupe à grands coups d'ailes. Leurs cris stridents firent frissonner les lutins, qui se souvenaient encore des coups de griffes et des pincements reçus lors de l'attaque du village.

Aïda, qui avait repris des forces en s'éloignant de l'influence néfaste de la fée et de son palais, se retourna vers les agresseurs. Elle tendit ses bras malingres dans la nuit. Un éclair fulgurant jaillit de ses doigts et explosa littéralement contre la falaise. Des blocs de glace se détachèrent et s'effondrèrent lourdement, emportant dans leur chute les premiers oiseaux qui atteignaient le groupe.

Les lutins se regroupèrent immédiatement derrière de gros rochers ou des amas de glace pour se mettre à l'abri. Ils ramassèrent des pierres, des morceaux de glaçons et des pignes, dont ils bombardèrent leurs adversaires avec adresse en se servant de leurs lance-pierres. Grâce à leur talent, les projectiles traversèrent les fleurs lumineuses, prirent feu, et vinrent frapper les deux ours qui avaient bondi vigoureusement dans leur direction. Cette manœuvre eut au moins le mérite de les ralentir.

Les deux monstres grognèrent sous les jets incandescents. Agapande reçut, elle aussi, des flammèches. Effrayée par les étincelles qui enflammaient ses longs cheveux, elle abandonna sa monture pour se réfugier derrière un rocher.

Devant ce retournement de situation inattendu, Aïda se déchaîna. Elle déroula une langue de flammes aveuglantes qui n'en finissait pas d'apparaître de ses doigts. Le spectacle, fascinant, hypnotisa tous les regards. Le long ruban dessina un chemin lumineux dans la nuit. Il s'effilocha en une guirlande de volutes, et il finit par fracasser le sol gelé, aux pieds des deux cerbères.

Alors, la terre s'ébranla en un craquement souterrain impressionnant. Une brèche béante s'entrouvrit et s'allongea dans toutes les directions sous le poids des deux ours. La fissure s'élargit et sépara les deux colosses des lutins. Les lourdes bêtes reculèrent devant le gouffre qui avançait inexorablement vers eux. Mais elles ne furent pas assez rapides et basculèrent finalement dans le vide en poussant des grognements de frayeur qui glacèrent le sang des guerriers les plus valeureux.

La perte de ses ours transforma Agapande en harpie. Folle de colère, elle se redressa et sortit de sa cachette pour vociférer ses ordres. Les loups, stimulés par ses hurlements suraigus, prirent leur élan et réussirent à franchir le trou béant. Ils se ruèrent sur les premiers lutins, et une lutte acharnée commença.

Grâce à sa magie, Aïda fit apparaître des dagues dans les mains de ses guerriers. Mais même avec l'aide de ces armes, les lutins furent submergés presque immédiatement. On criait, on hurlait, on gémissait. Les chairs étaient blessées. Le sang coulait.

Soudain, un loup se jeta sur Aïda alors qu'elle tentait de sauver Ysaline des griffes d'un des derniers geais survivants. Odin surprit la scène et se précipita. Il eut la présence d'esprit de saisir une pierre aux bords tranchants, et comme il l'avait fait quelques heures plus tôt avec le rat, il se jeta sur la croupe de l'animal sauvage. Après lui avoir coincé la nuque entre les deux genoux, il lui frappa la tête avec la pointe de son silex, entre les deux yeux. Les os craquèrent. La bête gémit de douleur et se décida à lâcher Aïda.

Cette dernière leva aussitôt un doigt long et griffu vers le geai qui crochetait la chevelure d'Ysaline. L'oiseau ouvrit ses serres et la petite lutine tomba au bord du précipice. Ses pieds peinaient à trouver un appui tandis que ses mains râpaient désespérément la neige dure, sans pouvoir s'y agripper.

– Ysaline, ne tombe pas ! Je t'en supplie ! cria Pilgrin, qui avait assisté à la scène.

Il assena un violent coup de poing au loup qui le retenait, et se précipita pour secourir son amie en la tirant par un bras, sans ménagement. Il était temps. La glace se rompit derrière la lutine.

Soudain, une armée de rapaces, de tigres blancs, de geais et de cerfs immenses surgit de nulle part et se jeta furieusement dans la bataille. Les bêtes chargèrent les agresseurs, qui furent obligés d'abandonner leurs proies. Une pluie de plumes, de poils, de bonnets pointus, de coups, de griffes et de crocs tournoya sur l'ensemble des combattants. Agapande, surprise par ce renfort imprévu, se mit en retrait de la bataille pour mieux observer, donner ses ordres et éviter les mauvais coups. Mais un geai la saisit dans son bec, comme un ver de terre prêt à être gobé, et il la souleva dans les airs.

Dans la surprise, la fée perdit sa baguette magique. L'objet précieux tomba quelque part, au milieu du combat. Semblable à un vulgaire bout de bois tordu et sans attrait, il reçut un premier coup de pied, puis un autre, avant d'être propulsé par un poing au-dessus des têtes. Il plana un instant sans trop savoir vers où se diriger. Finalement, il atterrit sur le dos d'un geai et glissa dans la neige où il fut piétiné mille fois. Une main le ramassa et le rejeta aussi sec. Il traversa une nouvelle fois le combat, rencontra le flanc d'un tigre, et tomba au sol, assommé. Il roula enfin pour s'arrêter inanimé, au bord du précipice sombre.

– Que le combat cesse immédiatement ! clamèrent soudain deux voix cristallines avec autorité.

22 - Les sœurs d'Agapande

L'ordre rebondit sur la bataille comme l'eau d'une source vive et claire saute sur la roche de montagne, et chante parmi les mousses et les racines noueuses. Puissant et empreint de noblesse, il eut un effet apaisant qui imposa d'emblée l'arrêt des combats. Chacun se retourna, immobilisé dans le mouvement qu'il était en train d'accomplir.

Odin était encore agrippé aux oreilles du loup, cramponné de toutes ses forces à ses flancs. Pilgrin et Ysaline arrachaient chacun une aile au même geai. Néparin avait les deux doigts enfoncés dans les yeux orange d'un autre oiseau. Arielin soutenait Yezalin, blessé à la jambe. Deux lutins étaient emprisonnés dans la gueule d'un loup. Deux autres entraient en collision, écrasant sur leur poitrine un oiseau qui passait par là. Un tigre étranglait le cou d'un loup, dont le corps était prisonnier des bois d'un cerf immense. D'autres animaux s'empoignaient. Ça sentait le sang et la sueur.

Deux fées se tenaient droites et fières devant ce tableau désordonné. Derrière elles, attendait une cour de magiciennes, sereines et immobiles, habillées de soieries richement décorées.

– C'est toi, Agapande, qui a provoqué cette bataille ? demanda Anauelle, la sœur aînée de la terrible fée. Je pensais qu'après toutes ces années d'emprisonnement tu aurais fait preuve de plus de sagesse et serais devenue meilleure.

– Jamais ! Jamais, tu m'entends ! Comment as-tu su que j'étais ici ? hurla Agapande, folle de colère.

– Nous n'avons pas cessé de t'observer, répondit Lauviah, la cadette, avec la plus grande innocence.

– Nous te contrôlons depuis le début, ma chère sœur, expliqua Anauelle. Nous t'avons laissée sortir du royaume pour voir ce que tu accomplirais. Nous espérions à chaque instant que tu changerais d'attitude et que tu deviendrais meilleure. Mais bien au contraire. Tu t'es comportée comme une véritable sorcière : en menaçant les lutins, en les enlevant et en les emprisonnant. Tu ne mérites toujours pas d'être libre. Pourtant, comme nous aurions aimé t'avoir à nos côtés pour régner sur la cité des fées ! Mais tu n'as pas changé, malgré toutes ces années de détention. Tu es restée la même. Toujours cruelle et envieuse.

– On ne peut pas changer ce que l'on est ! Et toi, lâche-moi, espèce de traître ! hurla Agapande au geai qui la maintenait prisonnière.

Elle se débattit. Sa position inconfortable la rendait ridicule et une terrible fureur s'était emparée d'elle. Le geai ignora ses reproches et la serra encore plus fort.

– Ce n'est pas un renégat, dit Lauviah. Il n'a jamais fait partie de tes gardes. Nous avons envoyé Victor pour voler le cristal des lutins et pour enlever Odin et ses deux compagnons.

– Pourquoi avez-vous fait cela ? intervint aussitôt Aïda. Par ce vol, vous avez provoqué une véritable catastrophe.

– Le cristal est là avec nous. N'aie crainte, Aïda. Le voici !

Lauviah plongea sa main dans un carquois et en ressortit une grosse pierre qui illumina aussitôt la nuit. Les surfaces taillées du cristal magique scintillaient sous le reflet des étoiles et de la lune, jusqu'à faire plisser les yeux.

– Nous voulions donner à Agapande l'occasion de se racheter, et nous espérions qu'en découvrant votre village, elle chercherait à faire la paix avec toi.

– Nous sommes ce que nous faisons et Agapande fait le mal ! s'énerva Aïda. Elle a raison de dire qu'elle ne changera jamais !

Cette remarque surprit et déçut Lauviah, qui s'écria :

– Tu voulais mettre à l'épreuve les enfants, non ? Quelle meilleure preuve de courage que celle d'essayer de sauver son peuple ?

– Vous avez mis notre village en grand danger, s'insurgea Aïda, le museau tremblant d'indignation et les moustaches agitées par la colère. Et je ne parle même pas des enfants ! Vous êtes irresponsables ! Ou complètement folles !

– Nous avons toujours été présentes, prêtes à intervenir, même lorsque les enfants ont été emportés par les flots ou lorsqu'ils ont dû se battre contre les rats ou le loup. Ne venons-nous pas de vous sauver ? Croyez-vous que vous auriez gagné la bataille contre des bêtes féroces habituées à tuer ?

– Oui, nous le croyons, intervint Odin. Le nombre et la foi font la force. Et Aïda est là, avec ses pouvoirs pour nous protéger. Elle est intervenue pour nous sauver quand nous étions en difficulté. Elle a envoyé des animaux bienveillants. Qu'avez-vous fait, vous ? Rien ! Vous vous êtes contentées de nous observer sans bouger ! Comme si nous étions un sujet d'expérience !

Des cris d'indignation et de colère fusèrent parmi les lutins. Puis des applaudissements s'élevèrent pour encourager Odin. Le garçon, surpris de cette réaction et tremblant d'émotion, s'approcha de ses deux amis. Jamais il ne se serait cru capable d'apostropher ainsi des adultes et encore moins des fées royales. Les dernières heures qu'il avait vécues l'avaient brusquement rendu plus mûr.

Aïda serra les trois amis contre elle, fière de ce qu'elle venait d'entendre.

23 - Le dragon bleu

La terre se remit à trembler brusquement. Un grondement souterrain surgissait de partout et de nulle part à la fois en s'intensifiant. La baguette d'Agapande, qui reposait au bord des profondeurs insondables, oscilla sous les secousses. Elle perdit l'équilibre et bascula dans le vide.

L'œil perçant d'un geai fut aussitôt alerté. L'oiseau plongea dans le trou béant, à la suite de l'objet. Il réapparut presque instantanément en tenant fièrement la baguette dans son bec, et avant que quiconque ait pu l'en empêcher, il remit son trésor à sa maîtresse. Agapande se saisit de la baguette et frappa instantanément Victor, qui la maintenait toujours fermement en son bec.

La fée tomba au sol avec rudesse. Mais elle se redressa vivement, secouée par un rire diabolique, et jeta un sort à l'oiseau espion. Une lumière blanche s'échappa de sa baguette tandis qu'elle prononçait un vil maléfice, chargé de mots mystérieux et incompréhensibles.

Effarée, Aïda ne put qu'assister au terrible spectacle, impuissante : Victor venait d'être transformé en une créature écailleuse, armée de griffes et de pointes acérées.

La bête époustouflante se dressait, gigantesque, dans le firmament. Taillée dans la glace et le givre, elle entrouvrait ses serres griffues et redoutables. Un long hurlement sortit de sa gorge et perça la nuit. Elle se contorsionnait de douleur. Ses ailes colossales se déployaient et se repliaient brutalement. En fait, Victor émettait de terribles hoquets de douleur.

Soudain, il cracha un jet d'eau glacée et il fut soulagé. De nouveaux jets surgirent alors de sa gueule et touchèrent les premiers animaux qui se trouvaient dans leur trajectoire. Les créatures se figèrent sous l'impact.

– Il va tous nous givrer ! hurla Aïda. Cachez-vous ! Fuyez !

Tout le monde hurla en comprenant qu'Agapande avait transformé le pauvre Victor en un dragon de glace, la bête maléfique la plus terrifiante qui soit. Ce fut la panique. On courut, on trébucha, on se heurta avec violence, amis ou ennemis. Plus haut dans le ciel, Victor s'était envolé et continuait de se contorsionner.

À chaque gémissement de souffrance, des jets congelés sortaient de sa gorge et immobilisaient dans des blocs de glace les malheureux qui les recevaient. Bientôt, tout ce qui bougeait fut pris dans le givre. Il n'y eut plus guère qu'Aïda et Agapande qui étaient parvenues à garder leur mobilité à coup d'éclairs de lumière chaude qui faisaient fondre instantanément les gerbes glacées du dragon. Même les deux sœurs d'Agapande ne réussirent pas à éviter les attaques. Un jet congelé atteignit également Odin. Mais heureusement, il réussit à lever le poing juste à temps pour libérer sa tête, de sorte qu'il put assister à la scène qui suivit.

Les deux ennemies de toujours se lancèrent dans un combat sans merci, maniant leurs sorts comme des éclairs ou des lances. Des éruptions de lumières aveuglantes, aux mille couleurs, explosaient littéralement en feux d'artifice. Elles fusaient de tous les côtés, s'emmêlaient, s'entrechoquaient et se brisaient à l'occasion sur les faisceaux glacés envoyés au hasard par le malheureux dragon. Tordu par les crampes, ce dernier rugissait sa fureur animale, plus haut dans le ciel. La confusion était totale, la tempête des éclairs ahurissante, et le souffle des jets assourdissant.

– Je finirai par te tuer, Aïda ! Je suis la plus forte ! Tu le sais ! hurla Agapande.

Elle voulait distraire le druide par ses paroles, afin de s'approcher subtilement de l'une de ses sœurs, celle qui était restée dans une attitude d'offrande.

– C'est ce que nous verrons ! Prends ça en attendant ! rétorqua Aïda.

La souris se concentrait sur ses sorts. Mais tout à son attaque, elle ne vit pas la fée briser avec discrétion la glace qui figeait la main de Lauviah et le cristal. Agapande arracha à sa sœur la pierre précieuse, invoqua l'incantation magique et disparut instantanément. Au même instant, un éclair de lumière jaillit et vint fondre sur la poitrine d'Aïda. Cette dernière s'écroula violemment sur le sol gelé.

– Et voilà ! J'avais raison ! hurla la fée dans un rire retentissant qui secoua la nuit.

Encore sous la surprise de cette victoire si soudaine, la fée daigna réapparaître pour mieux apprécier le spectacle désolant qui régnait désormais autour d'elle. Tout le monde était figé dans la glace dans des attitudes grotesques, ironiques ou misérables. Seul le dragon de glace continuait de gesticuler au milieu des étoiles. Ses cris stridents retentissaient toujours, mais plus atténués. Il se fatiguait.

– Vraiment, je suis et je serai toujours la plus grande magicienne ! ricana Agapande dans un sursaut d'orgueil.

Elle se remémora ses prouesses lors de la guerre de Manakiel, qui lui avaient valu tant de haine et toutes ces années d'emprisonnement.

Comblée et rassurée au sujet de ses pouvoirs, la fée s'approcha du corps d'Aïda, qui avait roulé près d'un groupe de lutins. Elle lui donna un coup de pied sec, mais la souris ne réagit pas : elle était bien morte. Un sourire sournois se dessina sur le bord des lèvres de la fée. Son visage prit un air farouche où se reflétait une joie indicible. Son œil brilla comme pour défier le destin. Vert et méchant, il se tourna vers l'abîme et démasqua Ysaline. Dissimulée derrière un rocher, la petite lutine était pétrifiée dans sa prison transparente. Agapande frappa alors de sa baguette la masse gelée qui emprisonnait l'enfant, la faisant exploser en mille éclats. Puis elle s'empara vivement de la jeune fille inconsciente et, dirigeant sa baguette vers le ciel, envoya un lasso d'argent vers Victor. Le dragon de glace se cabra sous la bride qui s'enroulait autour de son cou et le serrait jusqu'à l'étouffer.

Sûre d'elle, Agapande se précipita sans hésitation dans le précipice en emportant avec elle Ysaline et sa nouvelle créature diabolique. Son hurlement de victoire, enflé de ravissement, couvrit la plainte déchirante d'Odin, qui n'avait rien perdu de la scène. Peu à peu, les cris de la fée diminuèrent, avalés par les profondeurs. Ils laissèrent derrière eux le jeune lutin, secoué de sanglots inarticulés dans lesquels se mêlaient la rage et l'effroi.

24 - Aïda meurt

Les heures s'écoulèrent.

Puis le soleil sortit enfin de son sommeil et apparut au-dessus des pics enneigés. Il semblait vouloir s'y attarder, probablement fatigué de sa journée passée de l'autre côté des cimes. Ses premiers rayons, les plus ardents et les plus vifs, découvrirent avec surprise un spectacle étrange et inhabituel. Ils dardèrent maladroitement la scène avec une certaine curiosité. Les seconds, moins timides, s'approchèrent un peu plus de l'amas époustouflant des concrétions glacées. Intrigués, ils examinèrent les sculptures incroyables que formaient les lutins, les fées et les animaux sauvages enveloppés de glace. Les rayons suivants, encore plus curieux et plus aventureux que les précédents, décidèrent de se promener au milieu de cet étrange musée de glace. L'eau dégoulina alors le long de toutes les statues et les minuscules filets liquides s'élargirent peu à peu pour ruisseler de plus en plus nombreux et de plus en plus vite, libérant peu à peu les personnages retenus prisonniers dans leurs cellules transparentes.

Odin fut le premier à retrouver ses esprits. Après un bref regard panoramique, il étouffa une plainte en apercevant le décor surréaliste qui l'entourait. Ses yeux tombèrent sur le corps d'Aïda, qui gisait au sol, et il se souvint de la terrible scène à laquelle il avait assisté pendant la nuit. Un cri de désespoir s'échappa alors de ses lèvres. Un cri si puissant qu'il réveilla les derniers êtres encore figés. Tous se rapprochèrent lentement du petit lutin, agenouillé devant le corps du druide.

– Oh ! Aïda, s'écria Odin. Que t'est-il arrivé ? Pourquoi nous as-tu quittés ?

Le nez de la souris frémit très légèrement sous les larmes qui coulaient le long de ses narines. Odin se redressa, surpris.

– Elle est vivante ! Regardez ! Elle bouge ! s'écria-t-il, fou de joie de s'être trompé.

Lauviah et Anauelle s'avancèrent plus près. Les lutins aussi. Néparin, le père d'Ysaline, se pencha et soutint la tête d'Aïda, qui venait d'entrouvrir les yeux. Les paupières de la souris tremblaient et sa bouche s'agitait : elle cherchait à parler.

– Vous tous… qui êtes ici… écoutez bien, murmura-t-elle enfin, dans un souffle hésitant.

Odin et Néparin se penchèrent sur ses lèvres.

– Agapande m'a touchée, mais… ce n'est pas le plus grave. Elle s'est emparée d'Ysaline et l'a emportée dans le Monde Caché où règnent les ombres, là où se rendent les défunts. Il faut que vous partiez la sauver.

– Mais pourquoi a-t-elle pris Ysaline ? s'étonna Odin.

Il essuya rapidement la larme qui naissait au coin de son œil.

– Oui, pourquoi avoir pris ma petite ? implora Néparin désemparé, étouffant un sanglot dans sa gorge.

– Parce qu'Ysaline est ma fille. Tu le sais bien, mon Néparin, soufflа Aïda. Agapande veut se venger.

Le druide hésita un moment, puis reprit en regardant le vieux lutin :

– Mon brave Néparin, à qui j'ai confié ma petite pour que vous l'éleviez, toi et la gentille Fleurine, comme si elle était votre propre enfant.

Aïda ferma les yeux. Elle fit un effort pour les rouvrir mais sa tête retomba sur le côté, dans une dernière expiration profonde.

Elle venait de mourir.

Néparin se releva, le visage inondé de larmes et le regard absent.

– Fleurine et moi ne pouvions pas avoir d'enfants, expliqua-t-il aux lutins. Agapande venait de transformer Aïda en vieille souris et le druide ne supportait pas l'idée que sa fille puisse un jour avoir honte de sa mère, devenue un animal aussi repoussant. Elle a insisté pour que nous adoptions Ysaline et qu'elle n'apprenne jamais qui étaient ses véritables parents.

– Mais alors, qui est le père d'Ysaline ? demanda Odin d'une voix hésitante.

Lauviah intervint :

– Tout cela est arrivé juste à la fin de la guerre de Manakiel. Nous venions d'être tous sauvés grâce à Aïda – dire pourquoi serait trop long – mais Agapande a eu le temps de lui jeter un sort. Une fois prisonnière, elle n'a jamais voulu restituer au druide sa beauté et sa jeunesse.

Anauelle prit la parole à son tour, consciente que sa sœur ne répondait pas à la question d'Odin :

– Ysaline est la fille d'Aïda et du magicien Bellissiphézagor le Magnifique. Lorsque notre sœur Agapande a appris sa naissance, il y a treize ans, sa rage a été démesurée. Car elle aimait Bellissiphézagor, elle aussi, et elle ne supportait pas qu'il ait choisi Aïda. Pour se venger, elle a transformé votre druide en souris, après avoir tué Bellissiphézagor.

– Votre sœur est une plaie, conclut Néparin. Pourquoi a-t-elle cherché à pousser sa vengeance jusqu'à enlever la fille de son ennemie ? Est-ce que tuer Aïda ne lui suffisait pas ?

– Peut-être pense-t-elle qu'Aïda a commencé à enseigner la magie à sa fille, répondit Anauelle. Associée à la sienne, la magie d'Ysaline pourrait augmenter ses pouvoirs.

– Je pense plutôt qu'elle veut rejoindre Bellissiphézagor, déclara Lauviah. C'est dans ce but qu'elle est partie dans le Monde Caché.

Pilgrin et Odin se regardèrent. Ils comprenaient mieux pourquoi Ysaline les avait si souvent laissés à leurs jeux, préférant accompagner Aïda dans ses pérégrinations à travers les bois. Ils saisissaient aussi pourquoi chaque boisson ou chaque mixture élaborée par la jeune fille était si délicieuse et si revigorante.

Soudain, Néparin fut secoué par de profonds spasmes. Il suffoquait comme un noyé, car il réalisait qu'il ne reverrait plus jamais son enfant. Aïda morte, personne ne pourrait sauver Ysaline des griffes de la puissante Agapande. Arielin et Yezalin, émus, s'approchèrent de leur ami pour le soutenir.

– Nous allons retrouver Agapande et ta fille adoptive. Garde confiance ! Il faut juste réussir à entrer dans le Monde Caché, dit

Anauelle d'une voix douce.

– Il suffit de sauter au fond du précipice qui est là devant nous ! s'écria aussitôt Odin, comme l'a fait Agapande cette nuit.

– Non ! Ce n'est pas aussi facile qu'il y paraît. Tu as toutes les chances de te tuer en faisant cela. Une porte invisible existe bien au fond de ce gouffre. Mais elle ne s'ouvre que pour ceux qui viennent de mourir ou pour ceux qui possèdent une pierre de feu. Un être vivant ne peut passer dans le Monde Caché sans cette pierre.

– Alors, comment Agapande a-t-elle pu y pénétrer ? demanda aussitôt Odin.

– Elle doit en posséder une, certainement.

– Où peut-on trouver une pierre de feu ? coupa brutalement Pilgrin, qui ne supportait pas l'idée de ne plus revoir son Ysaline.

– En se rendant au pays du chevalier rouge, celui qui détient le feu de la terre, répondit Lauviah. Le maître du feu dont on ne sait s'il est valeureux ou vil.

– Et comment se rend-on au pays du chevalier rouge ? insista à son tour Odin.

Anauelle ouvrit la bouche pour répondre, mais les deux lutins n'entendirent pas sa réponse. Leur vue se troubla et la fée se désintégra peu à peu dans un voile qui s'assombrissait de plus en plus. Tout s'effaça dans une obscurité opaque et suffocante : les lutins, les animaux sauvages, les fées magnifiques, la neige éblouissante, les falaises glacées et le ciel lumineux.

Odin et Pilgrin se retrouvèrent plongés dans une sorte de néant, de nuit sans lune et sans repère. Leur esprit fondit. Ils sombrèrent dans un profond sommeil.

25 - Où es-tu, réalité ?

– Odin, Odin ! Réveille-toi ! dit Aïda. Vous aussi, Ysaline et Pilgrin. Allons les enfants ! Vous êtes enfin avec nous, sains et saufs !

Le druide claqua trois fois dans ses doigts. Les deux garçons se réveillèrent en secouant lentement la tête. Leurs paupières lourdes, chargées de songes, se soulevaient avec peine. Un épais brouillard engourdissait leur raison. Des bribes de pensées décousues et de questions angoissantes se bousculaient dans leur esprit et surgissaient en désordre dans leur bouche balbutiante.

Leurs yeux s'ouvrirent enfin et s'arrêtèrent étonnés sur une foule de villageois, penchés au-dessus de leurs têtes et qui retenaient leur respiration avec peine. La stupeur et l'interrogation se lisaient facilement sur tous les visages.

Une brusque lueur s'alluma enfin quelque part dans la conscience d'Odin. Elle effaça les dernières vapeurs confuses.

– Nous sommes rentrés chez nous, à Harahélin ? demanda-t-il en se redressant subitement. N'étions-nous pas il y a peu avec les fées des neiges au bord d'un précipice ? Où sont passés Lauviah et Anauelle ? Les loups, les tigres… et les geais ? ajouta-t-il avec lenteur et crainte, en regardant successivement Pilgrin, son père Yezalin et sa mère Laurine.

– Alors, comment se sont déroulées les épreuves ? demandèrent d'une seule voix Fleurine et Pépine, sans se soucier des questions d'Odin. Aïda nous a dit qu'après avoir bu la potion magique, vous alliez dormir une heure entière, vivre un rêve initiatique empli d'aventures et d'épreuves, être des héros…

Mais les enfants n'écoutaient pas. Ils avaient, eux aussi, des tas de questions pressantes à poser.

– N'es-tu pas morte, Aïda, tuée par Agapande ? interrogea brutalement Pilgrin.

– Ysaline est-elle revenue du Monde Caché avec la fée ? émit péniblement Odin en ravalant sa salive. Agapande a-t-elle rendu le cristal qu'elle avait dérobé ?

Il avait l'œil soupçonneux et la voix hésitante. Il se tourna vers son amie d'enfance qui dormait encore, paisiblement. Fleurine jeta à sa fille un regard de biais et prit soudain un air soucieux.

– Pourquoi Ysaline ne se réveille-t-elle pas ? demanda-t-elle à Aïda d'une voix angoissée.

La souris ne répondit pas. Elle était trop préoccupée par ce qu'elle venait d'entendre.

– Qu'avez-vous dit, les enfants ? s'inquiéta-t-elle en se penchant sur Odin et Pilgrin. Ysaline est partie dans le Monde Caché avec Agapande ? Le cristal est dans les mains de cette magicienne ? Et je suis morte ?

Aïda paraissait troublée et ses poils se redressèrent discrètement. Elle se retourna brusquement vers Ysaline et la secoua de toutes ses forces, sans la ménager. Puis la gifla.

– Ysaline ! Ysaline ! Réveille-toi, ma petite ! Les épreuves sont terminées !

Mais la jeune fille restait toujours inanimée. Fleurine repoussa le druide avec brutalité et se jeta sur sa fille.

– Qu'as-tu fait, Aïda ? Tu as tué ma petite !

Prise de panique, la lutine gonfla sa poitrine pour chercher l'air et fut soudain secouée de sanglots douloureux et déchirants.

– Non ! Non ! Non ! laissa échapper Aïda, dans un cri rauque et désespéré. Ysaline n'est pas morte ! Elle est seulement restée dans le Monde Caché, prisonnière de son rêve ou d'Agapande, la fée féroce que nous connaissons tous. Il suffit d'aller la chercher.

La souris ajouta d'une voix sourde et en colère :

– Par mille forêts de Manakiel, votre rêve s'est mêlé à la réalité. J'ai dû y aller un peu fort avec la formule… Ou bien Agapande s'est échappée et a retrouvé ses pouvoirs magiques !

Le museau d'Aïda prit une couleur de cendre tandis que, plongée dans de douloureuses pensées, elle se mit à sucer un de ses ongles.

– Qu'as-tu dit, Aïda ? demanda subitement Odin, qui semblait prendre conscience de la situation. Agapande serait libre ? Mais si Agapande est libre, nous n'avons rien imaginé ! ajouta-t-il confusément. Et nous avons réellement vécu notre soi-disant rêve !

– Où sont Anauelle et Lauviah ? insista Pilgrin qui commençait lui aussi à percuter.

Les deux enfants écarquillèrent les yeux avec anxiété et redressèrent leurs oreilles pointues pour mieux entendre les réponses, qui tardaient cependant à venir. Un orage de pensées déferla alors dans leur tête. Les épreuves qu'ils avaient vécues ces deux derniers jours leur avaient semblé bien réelles, et ils avaient du mal à croire que tout n'avait été qu'un rêve. Et si la potion qu'ils avaient bue leur avait en fait ouvert les portes d'une autre forme de réalité, tandis qu'ils dormaient tranquillement ici, à Harahélin, pendant une heure ? Si l'esprit d'Ysaline n'était plus là, il fallait absolument retourner dans le Monde des Songes, ce monde virtuel et insaisissable, pour porter secours à leur amie.

Soudain, le son d'une corne résonna au milieu de l'assemblée. Un garde essoufflé et ébouriffé surgit sur la place du village, dans un nuage de poussière. Il sauta de sa monture et courut vers la maison d'Aïda, bousculant et écartant les badauds qui s'étaient entassés dehors, aux abords et à l'intérieur de la demeure du druide. Une grappe de lutins s'accrochait au toit, une autre était suspendue aux lucarnes, et une autre bloquait le seuil : les habitants d'Harahélin n'avaient pas l'occasion d'assister à un évènement si extraordinaire tous les soirs !

Le visage de Pépin apparut enfin à l'entrée de la demeure. Il cria d'une voix de stentor, par-dessus une forêt de bonnets pointus :

– Aïda ! Aïda ! Les fées Lauviah et Anauelle seront bientôt ici. Elles te prient de les recevoir d'urgence !

– Que tout le monde sorte ! ordonna Aïda. Excepté les enfants et leurs parents !

Dans un mouvement de stupeur et de mécontentement,

les lutins se bousculèrent vers la sortie. Ils ne connaîtraient pas le fin mot de l'histoire. Pourquoi tant de cachotteries ? Il ne s'était rien passé pendant une heure, alors que les trois enfants dormaient. Et maintenant que survenaient les surprises et les rebondissements, ils n'avaient pas le droit d'être mis au courant. Finalement, rien ne valait les bonnes vieilles épreuves sportives que l'on pratiquait habituellement pendant les fêtes initiatiques. Au moins, on pouffait, on gloussait et on s'étranglait de rire devant toutes les facéties des jeunes participants.

26 - Lauviah et Anauelle

Deux magnifiques fées apparurent à l'entrée du village. Elles chevauchaient des aigles géants à l'allure noble et royale. L'une était blonde, l'autre rousse, et chacune portait une couronne arborant son rang princier. Un petit nuage coloré composé de fées mutines virevoltait autour d'elles. D'autres personnalités, toutes féminines et à l'apparence aristocratique, fermaient la marche. Les villageois étaient impressionnés. Cela faisait treize années de lutins qu'ils n'avaient plus vu Lauviah et Anauelle, et ils avaient oublié toute cette magnificence.

Ils s'écartèrent lentement pour leur ouvrir le passage tandis qu'elles avançaient avec leur cour d'un pas grave mais élégant. Les regards se tournèrent vers la demeure d'Aïda.

Celle-ci se tenait droite, sur le seuil de la porte. Un flambeau éclairait son visage anxieux.

– Entrez vite et annoncez-moi la mauvaise nouvelle ! dit-elle aux fées d'une voix grave.

Une fois les courtoisies d'usage échangées, la souris s'effaça pour faire entrer ses hôtes, puis claqua bruyamment la porte au nez des derniers curieux.

Les deux fées furent obligées d'ôter leurs couronnes et de baisser la tête à l'intérieur : elles dépassaient Aïda d'environ trois têtes de lutins. Peu à peu, leurs yeux s'habituèrent à la pénombre et elles découvrirent une maison rustique qui sentait la plante, les fruits et les légumes.

De multiples coussins étaient posés çà et là sur les tables, les chaises et les étagères, qui étaient remplies de fioles et de bocaux contenant une multitude de jus, pommades, poudres, racines et onguents. Des tresses de fleurs, de plantes et d'oignons s'enguirlandaient sur les murs ou bien pendaient depuis les lourdes poutres qui soutenaient le plafond. Divers champignons séchés attendaient, entassés dans de jolies corbeilles. Un énorme chaudron était adossé à l'un des deux montants d'une cheminée géante. Des grimoires sommeillaient, empilés pêle-mêle.

Tous les instruments de la magie semblaient se retrouver dans ce décor confortable, mais un profond malaise régnait dans la pièce. À la lueur des torches, les fées purent contempler successivement les visages graves et silencieux d'Aïda, de six lutins adultes et de deux jeunes garçons. Leurs yeux se posèrent finalement sur une jeune fille aux longs cheveux blonds et bouclés, qui était assoupie.

Aïda rompit la contemplation des fées.

– Le pacte que nous avions signé, il y a treize ans, spécifiait bien que nous ne devions plus nous revoir, sauf en cas d'extrême urgence !

– C'en est un ! répondit simplement Lauviah.

– Qu'est devenue Agapande, votre sœur ? Elle s'est échappée, n'est-ce pas ?

– Non. Elle est toujours prisonnière dans son palais de glace, et bien gardée, ne t'inquiète pas…

– Ce n'est pas possible ! tonna Aïda. Une chose anormale s'est produite. Et Agapande doit y être pour quelque chose. Il n'y a pas de hasard.

– Seulement voilà, il y a tout de même un problème, continua Lauviah d'une voix unie comme si Aïda ne lui avait pas coupé la parole. Elle dort depuis deux jours et ne se réveille plus, malgré nos efforts. Son visage est blanc comme la mort, mais pourtant elle vit. Un faible souffle s'échappe encore de ses lèvres. Nous pensons qu'elle est atteinte d'une maladie rare chez les fées : la Somniféra. Si c'est le cas, elle mourra bientôt.

– Cette maladie conduit le sujet hors de son corps, ajouta Anauelle. L'esprit du malade vit dans le Monde des Songes et n'en sort plus. Ce sommeil peut durer plusieurs jours. Mais parfois, l'esprit endormi interagit avec la réalité. Tu sais comme nous qu'Agapande est une personne très dangereuse. Même dans le Monde des Songes. Alors nous sommes venues pour t'avertir, de crainte qu'elle ne cherche à vous faire du mal.

Aïda murmura faiblement :

– Vous avez eu raison de venir nous voir. Mais vous arrivez trop tard. Le mal est accompli.

Elle reprit après s'être éclairci la gorge :

– Voici Odin et Pilgrin, deux enfants d'Harahélin. Ils reviennent d'un rêve initiatique, dans lequel je les ai plongés pour leurs treize ans. Mais ils n'étaient pas seuls. Ysaline que voici les accompagnait. La petite… n'est pas revenue de ce voyage, bredouilla le druide avec difficulté. Les enfants m'affirment qu'au cours d'un combat, Agapande m'a tuée puis a enlevé Ysaline ainsi que le cristal du village pour les emporter avec elle dans le Monde Caché.

– Tu cours un grave danger, Aïda, s'écria Anauelle. Agapande a réellement dû enlever ta fille, puisque l'esprit de l'enfant ne revient pas. L'occasion était trop belle. Toi morte, même dans le Monde des Songes, plus personne ne l'empêche de contrôler la réalité ! Surtout, si elle détient le cristal qui rend invisible.

Après un court silence, la fée reprit lentement :

– Aïda, ne te demandes-tu pas comment nous avons pu trouver ton village ?

La souris ouvrit de grands yeux ronds et s'exclama, stupéfaite :

– Tout à mon désarroi, je ne me suis même pas posé la question !

– Ton cristal d'invisibilité ne remplit plus son rôle, expliqua Anauelle. Il semble que le rêve dans lequel évolue Agapande dans le Monde des Songes interfère avec la réalité.

Face à l'absence totale de réaction chez les lutins, Lauviah ajouta d'une voix sombre :

– N'oubliez pas que l'on peut mourir de la Somniféra si l'on reste trop longtemps sous son influence ! Nous devons réveiller notre sœur avant qu'il ne soit trop tard pour votre petite !

L'air s'immobilisa. Les respirations se figèrent. Seul le feu continuait de crépiter dans la cheminée, faisant gémir le bois sous les flammes. Les uns et les autres se regardaient, comprenant à peine ce qui venait d'être énoncé par la fée. Si Agapande mourait, est-ce qu'Ysaline reviendrait parmi eux ? Ou bien mourrait-elle, elle aussi, prisonnière de son rêve et de la fée ?

– Mais enfin, va-t-on nous expliquer ce qu'il se passe ici ? s'insurgea soudain Néparin qui tenait la main de sa petite fille.

– Rendez-nous Ysaline ! implora sa femme Fleurine, la voix tremblante et les yeux baignés de larmes.

– On la retrouvera, ne vous inquiétez pas ! tenta de les rassurer Aïda avec compassion. Je la ramènerai saine et sauve, dussé-je en mourir.

– Aïda ! Qu'a dit Anauelle tout à l'heure ? Ysaline serait bien ta fille ? Exactement comme dans notre rêve ?

Odin réalisait soudain les affirmations de la fée.

– Oui… mon petit, répondit le druide d'une voix inaudible. Néparin et Fleurine, et tous les autres lutins ici présents, connaissent la vérité… Sauf vous les enfants. Ysaline est bien ma fille et aussi celle de Bellissiphézagor Le Magnifique, qui est mort tué par Agapande à la fin de la guerre de Manakiel. Lauviah et Anauelle retiennent leur sœur prisonnière, depuis cet épisode malheureux. Tout ce que vous avez découvert pendant votre sommeil est vrai.

La souris baissa la tête comme si elle avait honte.

– Cela ne devait pas se passer ainsi. Je ne devais pas intervenir dans votre rêve. Aucun de nous d'ailleurs. Ni Agapande, ni ses sœurs, ni vos parents. Vous deviez juste retrouver le cristal, que j'avais caché dans le Monde des Songes. Et pour avoir accès à sa cachette, vous deviez affronter une chute dans une rivière, une bande de rats et un loup. Telles étaient les épreuves que j'avais prévues.

– Que s'est-il donc passé ? demanda Yezalin.

– Agapande est certainement intervenue ! lança Anauelle. Elle devait attendre une telle occasion depuis longtemps. En pénétrant dans le Monde des Songes, elle avait accès régulièrement aux rêves des uns et des autres. Elle est entrée dans le rêve programmé par Aïda et en a modifié le déroulement. L'opportunité de combattre sa vieille ennemie et d'enlever sa fille était séduisante !

– Mais pourquoi partir dans le Monde Caché avec ma petite ? s'interrogea le druide. Dans quel but ?

– C'est toi qui poses cette question, Aïda ? Pour se venger, bien sûr ! Et surtout pour retrouver Bellissiphézagor, celui qu'elle n'a jamais cessé d'aimer ! N'est-ce pas Bellissiphézagor qui lui a envoyé le sort de la Somniféra avant de mourir ? clama Lauviah. Peut-être cherche-t-elle à lui faire du chantage !

À ces mots, Aïda s'effondra sur la table, le visage chiffonné de larmes. Les lutins se regardèrent, étonnés. Ils ne reconnaissaient plus leur grand druide autoritaire dans ce petit mammifère recroquevillé.

– Ne pleure pas, Aïda, nous allons bien trouver une solution, dit Lauviah avec gentillesse.
La fée regrettait maintenant de s'être emportée aussi vivement.

Elle se pencha pour prendre sa vieille amie dans ses bras. Mais Aïda se dégagea et releva la tête. Contre toute attente, ses yeux brillaient de mille feux, animés par un espoir soudain.

– Nous allons sortir Ysaline du Monde Caché. Il le faut absolument ! annonça-t-elle avec détermination. Je ne laisserai pas Agapande tuer mon enfant.

Deuxième Partie

LE MONDE CACHÉ

27 - Il faut repartir

Aïda s'était redressée, animée par une vive émotion. Elle se précipita vers la cheminée, rassembla quelques fagots de bois et d'herbes sèches, et y mit le feu. Puis elle attisa les flammes en appuyant son pied avec acharnement sur un énorme soufflet. Une fougue nouvelle s'était emparée d'elle. Elle accrocha une marmite à la lourde chaîne qui pendait au-dessus des flammes pétillantes et y versa plusieurs jarres d'eau. Puis elle jeta son dévolu sur des bocaux, alignés sagement sur des étagères. Elle entreprit de les disposer avec méthode devant la cheminée. La décision qu'elle venait de prendre était la seule possible, et elle était fermement décidée à résister à toute opinion contraire.

Les deux fées s'approchèrent d'elle :

– Aïda, que fais-tu ?

– Je prépare la potion qui permettra aux enfants de retourner dans le Monde des Songes, puis de pénétrer dans le Monde Caché. Eux seuls peuvent ramener mon Ysaline.

– Pourquoi eux seuls ? Ne pouvons-nous pas y aller nous aussi ? demanda Néparin, surpris d'apprendre qu'il ne se lancerait pas dans l'aventure.

N'avait-il pas élevé Ysaline avec sa chère Fleurine durant toutes ces années ? N'était-elle pas leur enfant ?

Il se souvint de ce fameux soir, quand Aïda avait toqué à leur porte, tard dans la nuit. Le village était alors endormi. Elle portait un bébé, caché dans ses bras et consciencieusement enveloppé dans des couvertures. Il se remémora les larmes qui avaient ravagé le visage de la souris pendant qu'elle expliquait sa démarche. Elle ne pouvait plus garder l'enfant puisqu'elle n'avait plus l'apparence d'une lutine. Agapande venait de la transformer, avant de se faire arrêter par ses sœurs. Quelle honte cela serait, pour Ysaline, d'être élevée par une vieille souris ! Et puis, Néparin et sa femme Fleurine souffraient tant de ne pouvoir avoir d'enfants. Ils donneraient à la petite tout l'amour dont elle avait besoin. Elle leur faisait entièrement confiance. Elle ne leur demandait que deux choses : de l'autoriser à emmener sa fille avec elle de temps en temps, pour lui enseigner les vertus des plantes et des herbes, et surtout, de ne jamais révéler à Ysaline ses origines.

Son discours était si persuasif, ses yeux si suppliants…

À ces pensées, Néparin regarda Aïda avec compassion. Comme elle avait dû souffrir durant toutes ces années ! Elle avait perdu pour toujours son compagnon, le père de son enfant, puis elle s'était résignée à vivre seule, tout en tenant le rôle difficile de chef du village. Elle avait vu chaque jour son enfant grandir sous ses yeux, sans être à ses côtés au quotidien. Et surtout, elle n'avait pu lui déclarer son amour maternel. Quelle torture elle avait dû subir !

Sortant soudain de ses pensées, Néparin se souvint de l'urgence de la situation actuelle, et s'exclama :

– Aïda, je veux accompagner les deux garçons. C'est trop dangereux de laisser Odin et Pilgrin partir seuls, ajouta-t-il en prenant son visage le plus convaincant.

– Oui, Aïda ! supplièrent Yezalin et Arielin. Ce voyage est trop risqué pour de jeunes lutins. Que feront-ils, une fois devant Agapande ?

– Non, mes chers enfants, c'est impossible, répondit le druide. Je voudrais tant m'y rendre moi-même, à leur place, et ainsi les épargner. Vous pensez bien ! Mais j'ai créé cette potion exclusivement pour l'initiation des jeunes fêtant leur treizième anniversaire. Eux seuls peuvent la boire. Même leurs frères et leurs sœurs à peine plus âgés ne peuvent y toucher. Le philtre n'aurait aucun effet, ni sur eux, ni sur nous. Je pourrais en créer un autre, bien sûr, me direz-vous. Mais je devrais travailler une saison entière pour le concevoir. J'ai passé tout l'hiver à élaborer celui-ci. La magie, vous savez, n'est pas aussi facile qu'il y paraît. Elle peut même se montrer très dangereuse quand on en fait un mauvais usage.

Le druide soupira d'une voix posée et profonde :

– Maintenant, laissez-moi ! Je dois m'isoler quelques minutes et réviser les incantations.

Elle se saisit d'un livre posé en haut d'une pile sur la table, un lourd grimoire à la couverture cuivrée et entouré d'un épais ruban de cuir scellé. Elle caressa doucement l'ouvrage, pensive. Puis elle prit quelques champignons dans une corbeille, fouilla dans un panier et en extirpa un écheveau de racines, avant de s'enfermer dans la pièce contiguë. La porte se referma derrière elle et le silence se fit, dans une atmosphère pesante.

Anauelle s'approcha alors des deux enfants, un sourire fugace sur les lèvres :

– Voici donc Odin et Pilgrin ? Comme vous êtes jeunes. Mais courageux aussi, d'après ce que j'ai cru comprendre. Racontez-nous les derniers moments de votre rêve, s'il vous plaît ! demanda-t-elle d'une voix persuasive.

– Oh oui ! Expliquez-nous comment a disparu Ysaline ! gémit Fleurine, entre deux sanglots étouffés.

Pépine et Laurine la soutenaient, désemparées de la voir ainsi. Mais elles brûlaient malgré tout de curiosité, elles aussi.

Odin jeta un regard hésitant à son ami Pilgrin. Puis il se décida à prendre la parole :

– Eh bien ! Nous étions au bord d'un précipice, juste avant d'atterrir ici, chez Aïda. Vous étiez tous les trois avec nous, ajouta-t-il en pointant le doigt vers Néparin, Yézalin et Arielin.

Les trois pères se redressèrent, surpris.

– Dix de nos meilleurs guerriers vous accompagnaient, précisa Pilgrin, parcouru par un frisson soudain en repensant à la fameuse nuit. Vous aviez tous été faits prisonniers avec Aïda, après la disparition de notre cristal. Odin, Ysaline et moi-même, vous avons retrouvés et délivrés. Alors Agapande nous a tous poursuivis jusqu'à un très long défilé envahi par la neige. Une bataille s'en est suivie, qui a duré une partie de la nuit. Mais vous deux, Anauelle et Lauviah, êtes arrivées à temps pour nous aider à la gagner. Vous étiez escortées d'aigles, de tigres, de cerfs et d'autres geais. Agapande s'est retrouvée prisonnière des griffes de l'un d'eux, un dénommé Victor…

Pilgrin s'arrêta pour reprendre son souffle. Il avait parlé avec fougue et précipitation. Raconter des histoires lui était toujours agréable. Mais d'habitude, elles étaient plus amusantes et faisaient rire son public. Dans le cas présent, il avait hâte d'en finir.

Les lutins et les fées étaient suspendus à ses lèvres, captivés. Ils attendaient la suite du récit avec une impatience non dissimulée. Odin, comprenant que son ami était épuisé, prit la relève :

– Alors Agapande a transformé Victor en un dragon de glace ! dit-il avec ardeur, le regard flamboyant.

Tout le monde sursauta. Les mains du lutin jaillirent de ses poches et projetèrent leur ombre, qui dessina un dragon sur la poutre la plus proche.

– Voilà pourquoi notre Victor est comme paralysé en ce moment même ! s'exclama Lauviah. Nous n'avons pu l'emmener avec nous ce soir. Ses amis le veillent dans notre demeure.

Odin continua :

– L'animal est devenu très dangereux. Il souffrait, terrassé par de terribles hoquets de douleur, qui envoyaient des jets de glace et congelaient tout sur leur passage. Seules Aïda et Agapande en ont réchappé. Elles résistaient grâce aux pouvoirs de leurs sortilèges. Notre druide s'est longtemps battue contre la fée, mais elle n'a pas eu de chance. Agapande s'est emparée du cristal. Vous deux, les fées, l'aviez emprunté.

Il désigna les deux sœurs d'un mouvement brusque de la tête.

– Quoi ? fit Anauelle surprise. Que dis-tu ?

– Vous vouliez nous rendre tous visibles afin qu'Agapande

découvre notre village et cherche à faire la paix avec nous. Vous pensiez sincèrement qu'après toutes ses années de détention, votre sœur avait changé.

Les fées se dévisagèrent, les yeux écarquillés et pleins de honte. Comment avaient-elles pu se comporter ainsi, en irresponsables, même dans le Monde des Songes ? Peut-être que, justement, elles n'y étaient pas ! Seuls les doubles de leurs deux esprits avaient évolué à leur insu dans ce lieu étrange ! Et Agapande ne devait pas être étrangère à ce rêve que racontaient les deux lutins. Elle avait dû mener la danse.

Lauviah ne put s'empêcher de penser qu'elle avait toujours espéré changer Agapande et la rendre meilleure. Son inconscient lui faisait donc vivre des évènements en ce sens. Mais elle n'avait pas le temps ni le droit de commenter son point de vue. Le jeune garçon poursuivait déjà son récit déroutant :

– Agapande a donc pris le cristal et est devenue invisible, le temps de tuer Aïda. J'ai été le seul à surprendre la scène car j'avais dégagé ma tête de la glace. J'ai ensuite vu la fée se saisir d'Ysaline et l'emporter, ainsi que le dragon de glace, au fond du précipice. Plus tard, vous nous avez dit que dans les profondeurs de cet abîme, existait une porte donnant sur le Monde Caché. D'après vous, Agapande, votre sœur, s'y rendait pour y retrouver Bellissiphézagor.

Pilgrin coupa son ami et conclut avec empressement :

– Toujours d'après vous, seule une pierre de feu pouvait nous aider à franchir la porte.

– Oui, c'est vrai, affirma Lauviah.

Tous les regards quittèrent Odin pour se tourner vers Pilgrin. Ses yeux brillaient d'un éclat nouveau. Pépine et Laurine délaissèrent Fleurine et vinrent prendre les deux garçons dans leurs bras. Elles étaient atterrées.

– Par Harahélin, c'est de la folie de vous laisser repartir dans un tel endroit.

– Mes petits ! Vous auriez pu mourir ! s'inquiéta Laurine. Il doit bien y avoir une autre solution que de les envoyer de nouveau là-bas ! N'est-ce pas ?

– Je refuse que ces deux enfants se rendent dans ce monde dangereux, où le pire peut survenir ! s'insurgea brusquement Yezalin, prêt à exploser de colère, les deux poings tendus.

À ce moment précis, Aïda entra dans la pièce. Un souffle d'air frais en profita pour s'engouffrer avec elle, saisissant les occupants de froid et éteignant la flamme d'une torche.

– Il n'y a pas d'autre solution, mon bon Yezalin, murmura la souris à contrecœur. J'ai tout envisagé. Le seul moyen de réveiller Ysaline est d'envoyer les enfants la chercher dans le Monde des Songes, et même plus loin, dans le Monde Caché. Si dangereuse que soit cette mission.

28 - Préparation du voyage vers le Monde Caché

Aïda tenait à la main une large coupe contenant une fine poudre noire. Elle s'approcha des bocaux, toujours posés près de l'âtre. Ils avaient eu le temps de se réchauffer. Elle saisit une poignée de chaque ingrédient, qu'elle ajouta successivement à la poudre, et mélangea le tout. Puis elle renversa la solution dans la marmite fumante. Elle entreprit alors de remuer délicatement le liquide brûlant en s'aidant d'une série de gargouillis éraillés. On ne savait si les incantations surgissaient de sa gorge ou bien de son ventre.

Une odeur agréable se répandit bientôt dans la pièce. Les nez frémirent sous les effluves délicats de menthe et de basilic, agrémentés d'un soupçon d'armoise.

Tout le monde se regroupa autour de la souris pour contempler le spectacle qu'offrait le feu. Chacun espérait secrètement voir apparaître un miracle, une image peut-être, au fond de la marmite. Mais aucune illusion ne se manifesta.

Aïda se saisit d'une cuillère qu'elle plongea dans le bouillon doré. Elle huma un instant son parfum doucereux, puis versa son contenu dans la coupe. Le liquide brillait de mille éclats à travers le verre transparent. Mais il prit brusquement une teinte sombre, comme celle de l'encre. Puis, il commença à pétiller sous l'impulsion de minuscules bulles en ébullition.

– Voilà. Laissons le philtre refroidir, ordonna le druide.

Odin se rapprocha de la coupe. Elle reposait maintenant sur l'immense table en bois de hêtre, qui occupait une grande partie de la pièce. Le lutin se pencha avec curiosité au-dessus de la potion et en reconnut l'odeur inquiétante. Il fit une grimace et dans un frisson, murmura nerveusement :

– Aïda, explique-nous ce que nous devrons faire. Quel est ce Monde Caché qui n'existe que dans les rêves ?

– Le Monde Caché existe malheureusement bel et bien… et pas seulement dans nos rêves, lui répondit le druide, le regard brillant d'un mystérieux éclat. C'est, comment dire… un endroit intermédiaire… là où se rendent les âmes des défunts. Les âmes qui n'ont pas encore trouvé la paix parviennent en général au Village des Pas Perdus. Elles doivent combattre leurs propres démons, comprendre leurs fautes, comme pour lâcher prise vis-à-vis de leur passé. Elles doivent apprendre à ne pas se juger durement, à s'accepter, à pardonner et à s'aimer. Les âmes méchantes et résolues à le rester atteignent, elles, le Royaume des Ombres, et les âmes bienveillantes se rendent directement dans le Royaume de Lumière. Ces deux lieux, comme le Village des Pas Perdus, appartiennent au Monde Caché.

– Notre sœur Agapande connaît le moyen d'accéder au Monde Caché, releva Anauelle. Il suffit pour cela de posséder une pierre de feu et de se jeter dans un précipice. Mais comme elle est mauvaise, elle a très certainement atterri dans le Royaume des Ombres, où elle risque de retrouver Bellissiphézagor.

– Pourquoi le magicien Bellissiphézagor se trouverait-il, lui aussi, dans le Royaume des Ombres ? interrogea brusquement Pilgrin, qui réfléchissait. N'était-il pas un mage puissant et magnifique, dévoué au Bien ?

– Remarque très pertinente, mon garçon, répondit Lauviah, le regard traversé d'un éclair pénétrant. Peut-être est-il effectivement ailleurs, dans le Village des Pas Perdus ou dans le Royaume de Lumière… Qui sait ?

– Pourtant, il est plus probable que Bellissiphézagor se trouve dans le Royaume des Ombres, intervint Laurine, la mère d'Odin. À la naissance du petit, il a voulu se venger en…

– Non ! hurla Aïda d'une voix puissante.

Laurine eut un sursaut d'effroi.

– Je t'interdis de dire quoi que ce soit ! Tu m'entends ! insista Aïda à l'adresse de la lutine.

Traversée par un frisson glacé, Laurine se réfugia dans les bras de son mari. Les lutins et les fées se contemplèrent, totalement désorientés mais silencieux. Que cachait encore Aïda ?

Les flammes dansaient dans l'âtre, indifférentes à toute cette tension. Elles projetaient des ombres incertaines sur les visages étonnés des occupants. On n'entendait plus que leurs crépitements. Personne n'osait prendre la parole. Le bois tendre d'une chaise grinça soudain, rompant ainsi le malaise pesant qui s'était installé dans la pièce.

Aïda se reprit. Son regard, qui l'instant d'avant était noir comme la nuit, avait retrouvé sa couleur miel.

– Je m'explique. Bellissiphézagor n'a pas survécu à la guerre de Manakiel, il y a un et trois c'est-à-dire treize ans, car Agapande l'a piégé et tué, juste avant de se faire arrêter et emprisonner. C'était un grand mage, mais comme tout magicien, il était amené à user de la magie à des fins personnelles, pas seulement pour le bien d'autrui. Et le prix à payer est lourd lorsque l'on doit rendre des comptes. Un magicien, comme un druide d'ailleurs, sait qu'il devra peut-être, pour expier ses fautes, passer de nombreuses années dans le Royaume des Ombres avant d'atteindre la Lumière. L'usage abusif de magie est une grave faute. Se venger est tragique. Et Bellissiphézagor a commis cette double faute : il a utilisé excessivement la magie pour se venger. Agapande sait cela. Ainsi, elle pense le retrouver dans le Royaume des Ombres. N'est-ce pas, Laurine ?

– Oui..., Aïda.

La lutine baissa la tête, soumise, avant de se serrer un peu plus fort contre Yezalin, qui lui caressa les épaules. Anauelle intervint alors d'une voix posée, le visage impénétrable et déterminé.

– Il suffit ! Toutes ces histoires appartiennent au passé. Maintenant, il importe avant tout d'obtenir une pierre de feu, et de sauver Ysaline.

Elle se tourna vers la fillette, toujours endormie, puis vers Odin et Pilgrin.

– Grâce à la pierre, vous pourrez passer dans le Monde Caché, dit-elle aux deux garçons. C'est la seule méthode à notre connaissance. À moins de mourir ici, bien sûr, dans la réalité, ce qui est inenvisageable !

Lauviah offrit un sourire confiant aux deux jeunes lutins et ajouta :

– Une fois endormis, vous serez plongés dans votre rêve. Gardez bien à l'esprit votre mission : trouvez le pays du chevalier rouge, celui qui détient le feu de la terre et saisissez-vous d'une pierre de feu. Plongez ensuite dans un précipice pour entrer dans le Monde Caché. Là-bas, débusquez Agapande, qui se trouve très certainement dans le Royaume des Ombres, et revenez avec Ysaline.

– Vous disposez pour cela d'un plus un donc deux heures, précisa Aïda. J'ai doublé la dose. Vous allez donc dormir deux heures, ici parmi nous. Mais dans le Monde des Songes, vous aurez un plus trois, c'est-à-dire quatre jours pour atteindre Ysaline. Surtout, n'oubliez pas cette contrainte. Le temps vous est compté. Prenez cette montre, qui vous indiquera les levers de soleil et de lune.

Elle tendit aux jeunes lutins une montre accrochée au bout d'une fine chaîne. Les enfants se penchèrent au-dessus de l'objet et découvrirent, sur fond de voûte céleste, deux aiguilles qui égrenaient les heures et les minutes, entraînant dans leur mouvement deux astres : le soleil et la lune. L'objet pesait lourd dans la petite main d'Odin.

– Mais s'ils ne reviennent pas ? demanda Laurine, soudain affolée. S'ils sont faits prisonniers par Agapande ?

– Si dans deux heures Agapande les a sous son influence, elle les empêchera certainement de se réveiller, comme elle le fait en ce moment même avec Ysaline, répondit fermement Anauelle.

Nous saurons alors qu'ils sont en danger.

À cette évocation, son magnifique œil turquoise prit une couleur intense.

– Bon sang ! intervint soudain Yezalin. Pourquoi ne tuons-nous pas tout simplement Agapande ? Elle dort tranquillement dans son palais, n'est-ce pas ? Il suffit de l'étouffer dans son sommeil ou bien de la poignarder !

– Il a raison ! s'exclamèrent aussitôt Arielin et Néparin. Partons la tuer !

Les trois lutins se levèrent subitement en renversant tout sur leur passage. Ils étaient déjà à la porte.

– Non, non ! Restez ici ! riposta Lauviah. Si Agapande meurt, nous risquons de perdre définitivement Ysaline. Les pouvoirs de notre sœur sont immenses. N'en doutez pas. Elle ne mourra pas sans se venger. La petite risque alors de rester à jamais prisonnière dans le Monde Caché.

– Et tu vas laisser Odin et Pilgrin partir là-bas et risquer de subir le même sort ? s'insurgea Laurine en faisant face à Aïda.

Son visage s'était crispé de colère.

– As-tu une meilleure idée ? soupira la souris résignée, les moustaches et les oreilles tombantes. Tu sais comme moi que je donnerais ma vie pour Ysaline et Odin.

Aïda mordit aussitôt sa lèvre et se ressaisit. En jetant un regard doux vers Pilgrin, elle ajouta :

– Pour Pilgrin aussi, je donnerais ma vie ! Bien sûr.

Le jeune lutin baissa la tête. Il avait du mal à retenir ses larmes. Pourquoi cette différence dans le cœur d'Aïda ?

– Nous devons tenter cette expérience et croire qu'elle sera un succès ! affirma le druide en se réanimant tout à coup. Et je ne laisse pas les enfants s'en aller sans aide.

Elle prit Pilgrin contre elle avec tendresse, pour le consoler, et sortit de sa poche deux petits objets, enveloppés dans de la toile de jute.

– Voici pour toi, Odin… Un scarabée d'or. Il te sera très utile car il te donnera des pouvoirs magiques. Fais-en bon usage.

Odin ôta avec maladresse le tissu qui enveloppait son présent. Il découvrit une grosse broche sculptée dans de l'or, dont le motif représentait un scarabée qui déployait ses ailes et portait un soleil entre ses pattes, au centre d'une spirale. Le précieux bijou brillait de mille feux, à la lueur du foyer.

– Comment s'en sert-on ? demanda le lutin, intrigué par l'objet.

– Tu le découvriras au moment opportun. Tu as de grandes capacités, mon enfant. Jusqu'à présent, elles n'ont pas encore eu l'occasion de se révéler, car ta vie se déroulait sans histoires. Mais maintenant, tu es assez grand pour comprendre bien des choses. Et surtout, tu vas devoir combattre le Mal. Tu auras la révélation de tes dons en temps voulu. N'aie crainte.

Aïda caressa doucement les cheveux du jeune Odin. Sa voix prit une inflexion pleine de tendresse.

– Dans le Monde Caché, les forces maléfiques du Royaume des Ombres sont très puissantes. Mais les forces de Lumière le sont encore plus. Ce scarabée est très ancien. Il existait déjà avant que notre peuple ne soit créé. Il te permettra de faire appel aux forces de Lumière. Elles se trouvent à un niveau de conscience élevé. Ces forces aident les âmes en difficulté. Le Monde Caché renferme les créatures les plus violentes, les plus ténébreuses et les plus viles de la création, mais aussi les êtres les plus vaillants, les plus éclairés et les plus glorieux qui soient.

Après avoir prononcé ces paroles de réconfort, le druide se tourna vers Pilgrin.

– Et voici pour toi, mon Pilgrin ! Un appeau fait de corne et d'argent. Il imite le cri de n'importe quel animal, même fantastique, et pourra t'être d'une grande utilité.

Pilgrin frôla le petit instrument d'un doigt hésitant. Il n'avait jamais tenu un objet aussi précieux dans ses mains. Le métal reflétait la lumière si intensément que le lutin était obligé de plisser les yeux pour contempler les multiples arabesques ciselées aux formes complexes, représentant les animaux de l'eau, de la terre, de l'air et du feu.

– Il a été sculpté dans la corne d'une dragonne par un grand sage. Fais-en bon usage, mon enfant.

Aïda se pencha pour embrasser Pilgrin en saisissant Odin au passage pour les serrer tous deux dans ses bras. Les mères, les yeux gorgés de larmes, se mirent à sangloter silencieusement. De désarroi. Elles sentaient que le moment de dire au revoir approchait.

La tension dans la pièce était palpable. Les pères bougonnaient, fébriles. Ils auraient préféré être à la place des jeunes gens. Ils étaient des guerriers, des combattants, de solides gaillards. Cette mission était de leur ressort. Ils n'étaient pas habitués à l'attente ou à la contemplation.

Anauelle et Lauviah s'approchèrent.

– Prenez avec vous cet élixir. Quand vous vous retrouverez

devant Agapande, faites en sorte qu'elle l'avale ou le touche. Elle sera alors neutralisée pendant un certain temps. Il contient les larmes de notre mère, qui a tant souffert de la cruauté de sa fille.

Anauelle enveloppa un petit flacon de cristal dans une pièce de soie claire et le déposa dans les paumes jointes d'Odin. Puis elle prit le visage du lutin entre ses mains et y déposa délicatement un baiser. Enfin, elle souffla son haleine légèrement suave et sucrée sur les narines de l'enfant. Lauviah opéra le même cérémonial avec Pilgrin.

– Voici le souffle qui donne la force et l'imagination nécessaires à l'affrontement. Que la puissance du Bien soit avec vous ! conclurent les deux sœurs en cœur.

Les visages prirent une expression douce à la lueur diffuse de l'âtre, tandis que les yeux se fermaient et que les mains se joignaient en un geste de recueillement. L'air s'immobilisa. Les dernières tensions se libéraient.

– Il est l'heure ! La potion est refroidie, dit Aïda dans un murmure.

Elle versa le contenu de la coupe dans deux bols qu'elle tendit aux garçons d'une main ferme.

– Voici pour vous, Odin et Pilgrin. J'ai ajouté un ingrédient qui vous permettra de vous réveiller près du royaume du chevalier rouge. Ainsi, vous gagnerez du temps dans votre quête.

– Une dernière question… Puis-je ? demanda la mère d'Ysaline.

– Je t'en prie, Fleurine.

– Si des êtres de Lumière se trouvent non loin de mon Ysaline dans le Monde Caché, pourquoi n'interviennent-ils pas pour l'aider ?

– Parce qu'Ysaline n'appartient pas au Royaume de Lumière, de même que les êtres de Lumière n'appartiennent ni à notre monde réel, ni au Royaume des Ombres. Même si ce dernier et le Royaume de Lumière se trouvent au même endroit, c'est-à-dire dans le Monde Caché. Les deux milieux, ceux du Bien et du Mal, ne peuvent communiquer entre eux. Les êtres de Lumière ont besoin d'aide pour réussir à intervenir, aide que nous pouvons leur apporter en envoyant Odin et Pilgrin, c'est-à-dire en leur prouvant notre foi en eux, et notre amour pour Ysaline. Si nous sommes prêts à y croire et à nous lancer dans l'action avec foi, alors eux aussi croiront en nous et en notre victoire. Et le miracle s'opérera.

À ces mots, les yeux d'Aïda brillèrent d'excitation et d'espérance. Elle semblait vraiment avoir la foi. Elle se tourna vers les enfants et fit un signe de tête pour suggérer que le moment était venu de boire la potion. Odin et Pilgrin s'emparèrent des bols et avalèrent le liquide, onctueux mais répugnant. Un hoquet secoua le premier. Un vertige surprit le second. Le bourdonnement des voix diminua lentement dans leur tête. Leur vue commença à se troubler. Toutes les images s'effaçaient petit à petit. Odin et Pilgrin sombraient dans une nuit froide et ténébreuse.

Les pères se précipitèrent pour les recevoir dans leurs bras, au moment où ils s'évanouissaient. Les mères se mirent à sangloter.

– Aïda, es-tu sûre que les précieux instruments offerts aux enfants les suivront dans leur voyage ?

Néparin attendait avec angoisse la réponse à sa question.

– Oui. Ne crains rien. Ces objets sont magiques.

29 - Les génies de pierre

Odin et Pilgrin se redressèrent lentement, les membres endoloris et les jambes flageolantes. Une nuit sans lune les enveloppait de ses ténèbres humides.

– Où sommes-nous ? gémit Pilgrin en réajustant son bonnet pointu. Es-tu là, Odin ? Je ne te vois pas dans l'obscurité.

– Oui, ne t'inquiète pas. As-tu avec toi ton appeau ? demanda Odin anxieux.

– Attends… je regarde dans ma poche… Oui, je l'ai ! Et toi, as-tu le scarabée d'or et le flacon d'élixir ?

– Oui, heureusement. J'avais peur que ces objets nous échappent durant notre voyage. Penses-tu que nous sommes arrivés dans le Monde des Songes ?

– Moi, j'appellerais plutôt cet endroit le Monde des Cauchemars. Ça commence bien. Il fait nuit noire, et nous ne savons pas où nous sommes, encore moins où nous rendre.

– Aïda a dit qu'elle nous projetterait au plus près du royaume du chevalier rouge, afin que nous puissions gagner du temps. Regarde ! Là-bas, des lucioles ! Approchons-nous. Peut-être y verrons-nous plus clair grâce à elles, s'écria Odin.

Les deux lutins avancèrent à tâtons, à travers un espace qui ressemblait à une clairière, dans un bois. Ils atteignirent les premiers fourrés qu'ils durent repousser avec vigueur. Les buissons épineux accrochaient leurs vêtements, grignotaient leurs jambes et mordaient leurs visages. On entendait des coassements quelque part, un peu plus loin, signe que les deux amis se dirigeaient vers un point d'eau.

Des petites sphères de lumière vibraient dans l'air, tout près d'eux. L'instant était presque magique. On aurait dit que de minuscules étoiles étaient tombées du ciel pour danser avec grâce autour des lutins. Odin, sous le charme, tendit la main pour attraper l'une d'entre elles. Mais elle s'échappa prestement alors qu'un concert de cris aigus s'élevait. Les lucioles semblaient en colère. Elles se jetèrent sur les deux lutins comme une nuée de mouches agitées, et les harcelèrent de leurs bourdonnements. Odin et Pilgrin gesticulaient sous les attaques répétées, sans se rendre compte, dans un premier temps, qu'ils avançaient bien malgré eux vers le marécage.

– Les lucioles nous entraînent dans la direction des coassements ! remarqua finalement Pilgrin.

Il tendit une main tremblante vers son ami tandis qu'il tentait, avec difficulté, de chasser une intruse de son oreille.

– Oui, je pense comme toi. Soyons prudents ! Il ne faudrait pas tomber dans l'eau. Il fait si noir. Et ces lucioles sont si déplaisantes ! ajouta Odin en écartant d'un brusque mouvement du bras une minuscule boule de lumière qui irritait ses yeux.

Soudain, un trait de lumière transperça la voûte céleste comme une lance. La zébrure lumineuse découpa le voile de nuages denses et noirs au-dessus de leurs têtes et la lune apparut, blanche et dure, éclairant d'une lumière blafarde un paysage sinistre où rien ne bougeait, sauf les lucioles surexcitées.

– Ces bestioles sont encore plus énervées que tout à l'heure ! s'écria Pilgrin.

Bien que le chemin fût alors éclairé par la lune, les deux garçons continuaient de marcher péniblement, poursuivis par les insectes. Parfois, des craquements secs les faisaient sursauter et les obligeaient à s'arrêter. Ils attendaient, aux aguets, les nerfs tendus comme un élastique, croyant à l'attaque d'un animal sauvage. Mais ce n'étaient que des branches sèches qui cédaient sous le passage de leurs pieds.

– Regarde, les lucioles dansent maintenant aux abords du marécage ! s'exclama soudain Pilgrin. Elles sont de plus en plus agacées. Elles plongent vers l'eau ! Et les grenouilles se sont tues !

– Bon sang ! Il ne s'agit pas de lucioles, mais de feux follets ! Ils veulent nous entraîner dans le marais pour que nous nous y noyions, réalisa Odin.

Il se souvint brusquement des histoires de sa mère, le soir, au coin du feu. Il saisit quelques pierres et les jeta devant lui, dans les eaux profondes et sombres.

– Pourquoi fais-tu cela ? demanda son ami surpris.

– Chut ! Tais-toi ! Attends ! chuchota Odin.

Il reprit, au bout de quelques instants de silence :

– Ils croient que nous les avons suivis et que nous sommes tombés dans l'eau. Ecoute ! L'air s'emplit de ricanements et… Regarde ! Les feux follets s'éloignent ! Tu vois ! Ça a marché ! Ils s'en vont, persuadés qu'ils ont réussi leur acte malfaisant. Ces individus cherchent les promeneurs égarés la nuit, pour les diriger vers les eaux et les y noyer. Ils procèdent toujours ainsi. Nous serons tranquilles dorénavant. Cherchons un endroit pour dormir en attendant que le jour se lève. Je ne sais pas toi, mais je suis très fatigué. Tous ces évènements et en si peu de temps !

– Oui, tu as raison. Mettons-nous contre ce buisson. Il n'a pas d'épines.

Les deux jeunes lutins se couchèrent dos à dos, puis se roulèrent en boule comme deux chatons. Quelques minutes passèrent dans un profond silence.

– …

– Odin…

– … Oui ?

– Ne penses-tu pas qu'Aïda ne nous a pas tout dit ? Elle a empêché ta mère de nous expliquer pourquoi Bellissiphézagor se trouvait certainement dans le Royaume des Ombres. Pourquoi a-t-elle déclaré qu'elle donnerait sa vie pour toi, comme pour Ysaline ? Elle n'a pas eu les mêmes propos pour moi !

– Mais si, Pilgrin ! Elle a ajouté qu'elle donnerait sa vie pour toi aussi. Tu l'as entendue comme moi.

– Oui, mais c'était comme si elle se sentait obligée de se reprendre.

Odin réfléchit quelques instants dans le noir de la nuit et déclara finalement, dans un soupir :

– Dors, Pilgrin, nous sommes exténués. Peut-être que demain nous y verrons plus clair...

Les deux lutins s'endormirent rapidement, l'esprit tourmenté et peuplé d'images de combats, de fées, et surtout de leur amie Ysaline.

Quelques heures plus tard, l'aurore apparut, magnifique, et baigna le ciel d'une lumière étincelante. Elle chassa peu à peu l'obscurité pour laisser place au soleil, tandis qu'un brouillard opaque montait du marécage, transpercé par les rayons de lumière matinale. Des vagues fantomatiques flottaient sur l'étendue d'eau stagnante, avalant tour à tour les plantes aquatiques, les touffes d'ajoncs et les arbres menus qui en tapissaient les abords.

Un tourbillon d'air frais se leva, diffusant une odeur douceâtre de boue, de mousse et de vase, qui flotta quelques instants avant de se réfugier dans les narines des deux lutins, sans réussir à perturber leur sommeil.

Les battements d'ailes d'une escadrille de canards sauvages retentissaient plus haut dans le ciel, coupant l'air immobile du petit matin. Quelques perches et brochets osaient sauter de temps en temps hors du marais pour agacer les moustiques, tandis que les hérons et les bécasses fouillaient avec acharnement dans les joncs.

Des murmures de lamentation s'élevèrent soudain, figeant deux jeunes ragondins qui chahutaient près de l'eau.

– Tu me fais mal ! Vas-tu te lever de là ! pleura une voix sourde.

– Toi aussi, tu m'écrases ! Lève-toi ! dit une autre voix étouffée.

Une brusque saccade secoua les têtes d'Odin et de Pilgrin, puis repoussa leurs jambes et leur dos. Les lutins bondirent, réveillés par cet assaut qui venait de leurs couches.

– Ah… Voilà qui est mieux ! s'écria une voix autoritaire, cachée dans les fourrés.

Odin se pencha vers les touffes d'herbe et les écarta vivement. Un caillou poli et costaud le regardait, débonnaire, de ses yeux globuleux.

– Alors, tu as bien dormi, couché contre mon flanc ? demanda-t-il au lutin.

– Mais tu parles ! s'écria Odin. Et pourtant, tu n'es qu'une vulgaire pierre ! Peut-être un petit roc ? se reprit-il très vite, de crainte d'offenser le minéral.

Pilgrin s'approcha pour mieux observer le phénomène extraordinaire. Une autre pierre lisse, à peine éloignée de la première, le scruta d'un air goguenard. Elle lui fit un clin d'œil.

– Nous ne sommes pas de vulgaires cailloux mais des génies. Des génies de pierre. Nous hantons ce marais, depuis déjà fort longtemps, dit le premier cailloux. Depuis combien de temps, mon frère ?

– J'avoue avoir oublié, mon frère ! répondit le second. Voyons… Cent ans, mille ans ? Le temps n'a pas de valeur, ici. Tu le sais comme moi. Mais attends que je me mette à compter.

– Alors peut-être pourrez-vous nous aider ? intervint Odin en interrompant le génie dans ses calculs. Nous cherchons le chevalier rouge, et nous ne connaissons pas ces lieux. Son royaume doit se situer non loin d'ici.

– Le chevalier rouge, dis-tu ? Voyons, cela me dit quelque chose. Mais je ne t'indiquerai le chemin que si tu réponds à ma devinette.

– Quelle devinette ? Tu te moques de nous ? se fâcha Pilgrin, devenu soudain impatient. Nous avons une vie à sauver, celle de notre amie, et nous sommes pressés.

– C'est ainsi. Tu n'as pas le choix, mon petit. Tu devines. Et je te donne la réponse que tu désires. Tu ne devines pas et tu n'as pas la réponse.

– Laisse, Pilgrin, dit Odin en posant une main sur l'épaule de son ami. Vas-y, génie de pierre. Interroge-nous.

– Bon… Voici mon énigme. Il apparaît une fois dans une heure, une fois dans un jour, une fois dans une nuit, mais jamais dans un mois ou une année. Qu'est-ce ?

– La lune… Non, attends ! Le soleil… Non, non ! Attends !

– Tu n'as pas trouvé. Dommage ! C'est le « u ». Il apparaît bien une fois dans « heure », une fois dans « jour » et une fois dans « nuit », mais pas dans « mois » ni dans « année » ! Bien sûr ! C'était évident et tu n'as pas trouvé !

Les pierres se mirent à sautiller sur place en éclatant de rire. Pilgrin se pencha vers elles pour tenter d'apercevoir leurs pieds. Il ne vit rien et se redressa, satisfait de constater qu'elles n'avaient pas de membres inférieurs pour s'enfuir.

– Non, attends ! s'écria Odin angoissé en suppliant le génie qui avait posé la devinette. Donne-moi une nouvelle énigme à résoudre. Je suis sûr que nous allons trouver la réponse, cette fois. N'est-ce pas, Pilgrin ?

– Humm…

Le génie reprit alors, tout fier de lui :

– Bon… Voyons… Laisse-moi réfléchir. Oui, voilà ! Tant que je vis, je dévore, dès que je bois, c'est la mort. Qui suis-je ?

– Un monstre qui ne supporte pas de boire ! répondit Pilgrin, nonchalant, en frappant d'un pied énervé un petit caillou qui dormait non loin de là.

Les deux frères de pierre contemplèrent la scène en fronçant les sourcils, apparemment rassurés de ne pas être à la place du caillou en question. Le pied de ce gamin semblait pouvoir faire très mal.

– Raté ! C'est le feu ! Vraiment, vous n'avez aucune imagination ! s'exclama le génie aux devinettes, d'un ton triomphant. Nous ne vous dirons pas où se trouve le fameux chevalier rouge ! Tant pis pour vous si vous n'êtes pas futés !

– Non, donne-nous une autre énigme. Cette fois, j'aurai la réponse ! s'alarma Odin.

– Parfois je suis fort, parfois je suis faible, je parle toutes les langues sans jamais les avoir apprises, déclara pompeusement le génie.

– Le vent ! Oui, c'est le vent ! s'exclama Odin, enthousiaste.

– Que nenni !

– Tu mens, je suis sûr que c'est le vent, insista le lutin agacé.

– Non, c'est l'écho, mon petit ami ! Et si je te dis : sans ailes je vole, sans bouche je souffle, je suis…

– Tu es le vent ! s'écria Odin, sûr d'avoir enfin trouvé la solution.

– Très bien ! Finalement, tu n'es pas aussi idiot que je le pensais.

– Alors dis-moi maintenant où se trouve le chevalier rouge ! S'il te plaît ! supplia Odin.

– Je te le dirais bien, mais je ne sais vraiment pas qui est cet homme, ni où il se trouve. Le sais-tu, toi, mon frère ?

Le génie se tourna vers son compère qui fit mine de réfléchir, avant de déclarer d'un air moqueur :

– Bien sûr que non. Jamais vu par ici !

– Mais enfin, vous nous aviez promis de nous indiquer le chemin si nous trouvions la solution ! s'énerva Odin.

– J'ai dit ça, moi ? As-tu promis une telle chose, mon frère ?

– Non, voyons ! Quelle idée ! Comment peut-on faire une promesse que l'on ne pourra pas tenir !

Les deux pierres se mirent à ricaner méchamment.

– Vous êtes deux fous furieux, s'écria brutalement Pilgrin, à bout de nerfs. Je vais vous faire passer l'envie de nous prendre pour des imbéciles !

Il se saisit prestement des deux génies, et d'un geste, les jeta loin dans le marais.

– NOOON ! Ne fais pas ceeelaaaa ! Tu vaaas le regreeet-terrrr ! hurlèrent les deux pierres qui disparurent, avec leurs cris, dans le brouillard qui se diluait.

30 - Le serpent du marais

Un énorme « floc » retentit à la surface de l'eau.

– Et voilà, plus de génies, plus de pierres ! s'exclama Pilgrin, satisfait en se frottant les mains.

– Je ne suis pas certain que tu aies eu raison d'agir ainsi ! murmura Odin en observant le marais d'un œil incertain. Je sens qu'ils n'en resteront pas là.

Comme pour illustrer cette dernière remarque, l'eau se mit soudain à bouillonner dans un gargouillis infâme, à mi-chemin entre un vagissement et un grognement, qui fit trembler tout le marais. Puis le vent se leva, faisant ployer les arbres avec violence, couchant les herbes hautes et chassant les dernières nappes cotonneuses du brouillard.

– Oh, oh ! claironna Pilgrin.

– Tu as déclenché une tempête ! cria Odin.

Alors que les lutins prononçaient ces mots, l'eau du marais s'éleva brusquement vers le ciel pour retomber en trombe, comme une gigantesque chute. Le spectacle était fascinant, mais tout de même effrayant. Les deux lutins tentèrent de reculer, mais leurs maigres jambes refusèrent d'obéir.

Une créature visqueuse surgit alors brusquement à travers le rideau liquide. Semblable à une montagne de roches articulées entre elles, gigantesque, elle se dressa devant les lutins de toute sa hauteur, déployant son corps étincelant et parsemé d'écailles griffues.

– Bon sang, je ne sais pas ce que tu as réveillé, mais c'est encore pire qu'une tempête ! marmonna Odin.

Le monstre avait deux têtes énormes, aux yeux rouges globuleux et à la gueule effrayante. Il les faisait onduler en cadence, dardant deux langues pointues qui émettaient régulièrement des sifflements aigus et perçants. Ses deux longs cous n'en finissaient pas de s'emmêler avant de se rejoindre en un buste effrayant, terminé par une queue hérissée d'écailles coupantes. Une fumée rouge pestilentielle s'échappait de ses quatre naseaux gluants.

Le fracas de la chute d'eau était devenu assourdissant. Un mini raz-de-marée s'était formé, inondant les berges et les jambes des deux lutins, qui se cramponnèrent l'un à l'autre de toutes leurs forces, le corps secoué de frissons.

– Jamais, même dans mes pires cauchemars, je n'ai imaginé une horreur de ce genre, réussit à articuler Odin.

– Ce monstre est pire que le dragon de glace, souffla Pilgrin. Il faut que nous sortions de cette boue, et vite !

Il essaya de reculer une jambe, puis une autre. Mais l'une des têtes du monstre bondit brusquement devant lui en ouvrant sa gueule dégoulinante de bave et en poussant un cri époustouflant, qui projeta au loin le précieux bonnet du lutin.

– Odin, aide-moi ! **Il m'avaaaale** !

Une langue visqueuse tira à elle le jeune garçon puis le lança en l'air, comme pour s'amuser un peu, avant de le gober. Pilgrin s'envola à une vitesse vertigineuse et retomba dans la gueule ouverte du monstre. Mais il parvint à agripper ses lèvres nacrées et gluantes juste à temps pour s'extirper avant de se faire avaler. Heureux de s'en être aussi bien sorti, il se mit à ramper vers les naseaux fumants de la bête, passa entre ses yeux énormes et remonta jusqu'en haut de son crâne.

– Je suis plus malin que lui ! Tu as vu ça ! hurla-t-il en se coinçant entre deux écailles coupantes.

– Ne tente pas la chance ! beugla Odin. Essaye de descendre plutôt que de monter ! Je vais l'attirer vers moi.

Le lutin ramassa une pierre qu'il lança sur la tête jumelle du monstre pour détourner son attention. Tout d'abord, celle-ci ne réagit pas, mais après avoir reçu un deuxième, puis un troisième projectile, elle rugit et se retourna vivement, à la recherche de son agresseur. Elle aperçut alors un microbe qui gesticulait avec énergie en contrebas, et s'élança dans sa direction.

– Il vient vers moi ! Profites-en pour descendre ! cria Odin à Pilgrin.

Une langue puissante se déploya alors pour gober le lutin, mais une douleur fulgurante arrêta net son élan : un bâton, très effilé, venait de la transpercer. Du sang chaud et vert jaillit à grosses gouttes et arrosa copieusement Odin, qui en profita pour s'accrocher au membre blessé avec agilité. Il put ainsi gagner la lèvre supérieure et remonter rapidement le long de la face du monstre, afin d'atteindre le haut du crâne. Enfin, il se coinça lui aussi entre les écailles.

– Je croyais qu'il fallait descendre ! s'exclama Pilgrin avec malice.

Odin haussa les épaules.

– Grâce à moi, tu es encore en vie !

– Ça reste à voir !

– Peu importe, le temps presse. Fais ce que je fais !

Odin se laissa retomber le long de la tête et planta ses deux mains dans l'un des yeux globuleux du monstre. Pilgrin comprit tout de suite ce que son ami attendait de lui, et se précipita à son tour vers un œil pour exécuter le même geste. Les deux têtes hurlèrent de douleur et commencèrent à gesticuler dans tous les sens. Soudain, la tête sur laquelle se trouvait Odin aperçut Pilgrin, et celle sur laquelle se trouvait Pilgrin aperçut Odin. Elles se mirent alors à rugir de colère et se percutèrent violemment dans l'espoir de faire tomber leurs agresseurs. Sous l'effet du choc, elles s'ébranlèrent et dégringolèrent lourdement avant de s'assommer sur la berge. Une partie du marais se vida dans des gerbes d'eau sale, et les deux jeunes lutins échouèrent dans la boue.

– Nous avons gagné ! hurla Pilgrin, fou de joie, en se redressant.

– Tu crois ? Aïe ! Mais qu'est-ce que c'est ? se plaignit Odin en frottant son épaule, qu'un objet venait de heurter violemment.

Une pluie de flèches s'abattait maintenant sur le marais. Les deux amis eurent juste le temps de plonger dans l'eau et de se glisser sous le corps inerte du monstre. Ils débusquèrent une poche d'air, contre son cou visqueux et s'y mirent à l'abri. À moitié étouffés, le désespoir au creux du ventre, ils attendirent que le calme revînt.

Enfin, l'attaque s'arrêta. Des hurlements féroces jaillirent de tous côtés. Odin et Pilgrin sortirent avec prudence leur tête hors de l'eau pour tenter de voir ce qu'il se passait. Ils eurent le souffle coupé par le sinistre spectacle qu'ils découvrirent alors, et manquèrent s'étouffer en ingurgitant l'eau qui s'infiltrait dans leur bouche grande ouverte.

– Tu vois ce que je vois ? murmura Pilgrin.

– Quel est ce monde ? Comment de telles horreurs peuvent-elles exister ?

De grosses boules semblables à des hérissons recroquevillés roulaient partout dans tous les sens : sur le monstre, le long des berges, dans l'eau. À travers leur toison brune et poilue, on pouvait distinguer des lances, des arcs, des carquois, des flèches et des épées. Quelquefois, l'une d'entre elles s'arrêtait de rouler. Une petite tête fort laide surgissait alors du pelage, ricanait ou vociférait un cri incompréhensible, avant de disparaître pour que la boule reprenne sa course.

– Fchef, fchef ! fj'en ai ftrouvé un ! hurla soudain une voix excitée. Un Fautre ici ! Fchef ! Fchef ! Fvenez voir !

Une touffe de poils sautillait fiévreusement juste au-dessus d'Odin et de Pilgrin, en poussant de petits cris de ravissement. Les lutins replongèrent rapidement dans leur cachette, mais trop tard. Une main vigoureuse à l'odeur nauséabonde les extirpait déjà de l'eau pour les déposer sur le dos rocailleux du monstre. Elle les traîna ensuite jusqu'à la berge.

– Aïe ! Ça fait mal ! Arrête de me tirer les cheveux ! hurla Pilgrin.

Deux yeux minuscules, perdus au milieu d'une broussaille de poils hirsutes, se posèrent sur le lutin afin de l'examiner de plus près, tandis que des dizaines d'individus se précipitaient en roulant, en tourneboulant, en déboulant de partout et en piétinant tout sur leur passage, pour venir s'agglutiner avec curiosité contre les deux garçons. Leurs braillements perçants ressemblaient à des cris de joie. Ces êtres faisaient la même taille que les lutins, mais leur aspect hideux les rendait bien plus impressionnants, et surtout bien moins aimables.

Soudain, l'un d'eux se mit à grogner en repoussant ses compagnons pour se frayer un chemin. Il portait fièrement le bonnet de Pilgrin et empestait le bouc, si bien qu'un nuage de mouches tourbillonnait en permanence autour de lui.

– Fpoussez-vous ! Fpoussez-vous ! Ils fsont à fmoi ! ordonna-t-il d'une voix ronflante.

À ces mots, une acclamation retentit, tel un gargouillis infâme de bégaiements et de feulements. Celui qui avait découvert les deux lutins se jeta sur le nouvel arrivant.

– Je fpourrai favoir un ftrophée, fchef ! C'est fmoi qui les ai ftrouvés ! Fchef ! Fchef ! Dis oui, fchef !

– Non Ffédor ! Pas fencore ! Ces fmessieurs sont pour fl'instant mes finvités. On fverra cela faprès la fête.

31 - Les Gobols

Une bouche remplie de dents pointues et noirâtres alignées cahin-caha s'approcha et tomba sur le nez d'Odin. Un élevage de mouches et de moucherons l'accompagnait. Elle s'ouvrit, et son haleine fétide se dilua dans l'air.

– Fcomment ft'appelles-tu ? demanda-t-elle, fraîche comme un panier de poissons qui aurait été oublié au soleil pendant trois jours.

Au-dessus d'elle, deux petits yeux rusés examinaient Odin avec attention.

Le lutin recula et baissa la tête pour esquisser une grimace discrète. Il était en apnée. Ses narines cherchaient à résister aux vapeurs nauséabondes qui les assaillaient. Il eut un haut-le-cœur en relevant les yeux vers son interlocuteur pour lui répondre. Ne sachant pas à quel personnage il avait affaire, il valait mieux se montrer plutôt prudent. Mais les mots qui allaient sortir de sa bouche vinrent mourir au bord de ses lèvres.

La boule de poils qui l'interrogeait croquait à présent à pleines dents un poisson encore vivant, qui se contorsionnait fougueusement sous les coups de crocs. Des algues dégoulinaient de sa bouche effrayante.

– Falors ? Fcomment ft'appelles-tu ?

Odin prit une brève inspiration et formula dans un souffle :

– Odin, M'sieur ! Et voici mon ami Pilgrin. Nous sommes des lutins, M'sieur !

– Ah foui ! J'ai fdéjà fentendu fparler de vous ! Vous fêtes des fpetits frigolos, à ce fqu'il fparaît! Vous faimez faire la ffête. Eh fbien, ça ftombe bien, car nous faussi ! Et nous fallons ffaire une ffête, fpour vous ! Oui, fpour vous fremercier de nous favoir fdébarrassés du fmonstre ! Vous favez été fsacrément fcourageux ! Fquoique… Ce fsont fquand fmême nos fflèches fempoisonnées qui font fini par le ftuer !

– Quel était ce monstre ? Était-il là depuis longtemps ? se hasarda Odin.

– Oh non ! C'était un fserpent des fmarais ! Il fapparaît fparfois quand fdeux fgénies de fpierre ftombent fensemble dans l'eau. Fd'ailleurs, je me fdemande fcomment ils sont ftombés dans l'eau fcette ffois ? Fvous ne fles auriez pas fjetés par fhasard ? Vous fsemblez fsuspects !

L'individu mordit dans les restes de son poisson, en avala l'arête et la queue, avant d'émettre un rot malodorant. Les mouches continuaient de frétiller comme des folles autour de lui, excitées par ces nouveaux effluves.

Les deux lutins se jetèrent un coup d'œil discret et complice.

– Ah non, M'sieur, nous n'y sommes pour rien ! s'écria Odin. Dès que nous nous sommes approchés du marais, nous avons été attaqués par le monstre !

– Hé, mon ftrophée, fchef ? Je fpeux l'avoir, fchef ? coupa le dénommé Fédor, celui qui les avait attrapés.

– Plus ftard, Ffédor ! Plus ftard ! D'abord, fnous fallons faire la ffête. Fallez, on frentre !

– Hé, attendez ! s'exclama Pilgrin avec une certaine brutalité. Nous n'avons jamais entendu parler de votre peuple. Qui êtes-vous ? demanda-t-il d'un ton suspicieux.

Le petit lutin était fort contrarié. Des mains poisseuses, pleines de restes de poisson, manipulaient sans vergogne son précieux couvre-chef. Il se demandait comment et quand il pourrait le récupérer.

– Nous fsommes des Fgobols ! De fdangeureux Fgobols ! Les fderniers ! répondit le chef avec fierté.

Pour illustrer ses paroles, il ôta son pourpoint et brandit son poitrail velu, puis une machette et une épée tout contre Pilgrin. Ce dernier recula, le visage vert et la mine déconfite.

– Vous êtes mort depuis des lustres et vous ne vous en rendez même pas compte ! lança-t-il.

– Fquoi? Fque veux-tu fdire fpar là ? interrogea le chef étonné.

– La putréfaction, vous connaissez ? ironisa Pilgrin en recevant un coup de coude discret de la part d'Odin.

– Fnon, fpourquoi ?

– Je me disais aussi, continua le lutin, narquois. Ben quoi, Odin ! J'apprends à monsieur du vocabulaire ! Pas vrai, chef ?

La créature haussa les épaules en signe d'incompréhension.

– Fcoupez-moi les deux ftêtes du fmonstre, les fgars ! ordonna-t-elle à ses compagnons. On va les fmanger !

Les Gobols roulèrent et tourneboulèrent vers le serpent

rocailleux. Ils entreprirent de trancher ses deux énormes têtes avec leurs épées, mais ces dernières étaient bien trop petites, et l'intervention prit un certain temps. Toutefois, un sang gluant s'échappa bientôt des plaies ouvertes du monstre et s'écoula lourdement dans le marais, qui se mit alors à bouillonner. Odin et Pilgrin eurent du mal à garder un semblant d'indifférence face à ce spectacle répugnant.

– C'est fbon ! Ça fsuffira pour le fbanquet ! On fprendra le freste une fautre fois, déclara le chef Gobol. Fallez ! On fs'en va !

Toutes les boules de poils hurlèrent de joie et se trémoussèrent d'excitation. L'effort leur avait ouvert l'appétit. Les deux lutins scrutèrent cette petite foule sautillante et bruyante. Un frisson glacé parcourut leur échine. Comme ces Gobols étaient laids, avec leurs poils durcis et puants, couverts de détritus et de sang vert !

– Ces animaux à poils sont indifférents à l'odeur qu'ils dégagent ! murmura Pilgrin discrètement à son ami.

– Ils semblent ne pas avoir de nez, tu as remarqué ?

– Quelle chance ils ont de ne rien sentir !

Les Gobols s'élancèrent tous dans la même direction en poussant des hurlements de guerre et de faim. Ils laissèrent derrière eux un sillage d'insectes alléchés. Odin et Pilgrin furent soulevés du sol et coincés entre deux créatures qui vociféraient. Personne ne semblait s'émouvoir de leurs cris de terreur. La course folle dura quelques minutes et s'acheva aussi brusquement qu'elle avait commencé, devant un long ponton de bois.

– Fvoilà notre fvillage ! Vous fêtes les fbienvenus ! dit fièrement le chef Gobol.

Les lutins découvrirent une plate-forme étroite qui s'enfonçait au loin dans le marais. De chaque côté se dressait une série de fins poteaux ornés de têtes d'animaux, de chevaliers ou de monstres. Au bout de ce couloir morbide, un fouillis de bicoques en bois et en paille, plantées sur pilotis et agencées de guingois, tenait en équilibre sans logique apparente. Les sinistres constructions étaient noyées dans des fumées épaisses s'échappant de quelques cheminées.

Des corbeaux perchés sur des têtes de morts croassèrent gravement au passage de la troupe puante, ravis de constater qu'un festin se préparait.

32 - Le festin

Quelques instants plus tard, les Gobols et leurs hôtes arrivèrent dans une grande taverne, qui aurait pu paraître confortable si on s'était occupé d'y faire un grand ménage. Mais des toiles d'araignées tapissaient ses moindres recoins, et une suie noirâtre recouvrait ses murs, ses tables bancales, ses larges bancs de bois, et les rares éléments de décoration qui se trouvaient çà et là. Cette matière grasse glissait dans les divers plats exposés sur le buffet. Des écuelles et des timbales reflétaient faiblement la lueur tremblotante des chandeliers poisseux, qui supportaient de multiples bougies à la cire dégoulinante.

Un brouillard de mouches et de moucherons survolait l'ensemble de la pièce, dans laquelle on pouvait se croire en pleine nuit tellement il faisait sombre. Pourtant, il n'était que midi. Dehors, le jour brillait d'une lumière vive.

– Vous aimez les festins, M'sieur ! déclara Odin pour flatter le chef Gobol.

– Foui, mon fpetit. Rien de fmieux qu'un fbon gueuleton fpour se fmettre en fforme.

Au fond de la pièce, une cheminée qui aurait pu contenir

un ours entier ouvrait sa bouche béante. Plusieurs marmites y étaient suspendues au bout de lourdes chaînes, au-dessus des flammes crépitantes.

Odin et Pilgrin manquèrent de défaillir, assaillis par les émanations fétides de graisse brûlée et de poisson qui flottaient dans toute la pièce.

Mais ils tinrent bon et finirent par s'habituer aux relents nocifs.

– Ha ! Quelle fbonne fodeur ! Cela me fdonne faim !

– Tiens donc, ils ont un nez, en fait ! souffla Pilgrin à son compagnon.

– C'est à se demander comment ils se supportent ! répliqua Odin.

Le chef Gobol fit mine de dilater sa panse et poussa ses invités vers le buffet, le visage rayonnant de bonheur. D'un large geste, il les engagea à se servir. Des pyramides de volailles grillées, de charcuteries et de légumes crus attendaient sagement. À première vue, elles paraissaient appétissantes, mais en les regardant de plus près, les lutins s'aperçurent qu'elles étaient envahies d'insectes ragoutants, et souillées par des traînées bizarres qui s'étendaient jusque sur les flans, les pâtés et les gâteaux.

– C'est de la sauce de morue, prétendit le chef, ayant surpris l'air déconcerté des deux amis. La dernière trouvaille de notre cuisinier. Un vrai délice ! ajouta-t-il.

Puis il pointa le doigt vers un panier rempli de poissons dégoulinants, aux yeux vitreux.

– De la ftruite violette. Le fpoisson le plus fcourant du fmarais. Le fmeilleur ! dit-il en se léchant les babines.

– Il est en décalage horaire, votre poisson ! déclara Pilgrin, arrogant.

– En fdécalage fhoraire ? Qu'est-ce que ça fveut fdire ?

– Que vous l'avez pêché ce matin, chef ! s'empressa de répondre Odin en écrasant méchamment le chausson de Pilgrin.

– Pour fsûr que non ! Il a été fpêché fvoilà plus d'une fsemaine ! C'est fcomme ça qu'il fest fdélicieux ! répondit le chef naïvement.

– Qu'est-ce que je disais ! s'écria Pilgrin en écrasant à son tour un des pieds d'Odin.

– Fallez les enfants, frégalez-vous ! Le fcuisinier est en ftrain de faire fcuire les ftêtes du fmonstre. Elles farriveront bientôt ! conclut le chef.

Il leur asséna un bon coup sur le dos, tout en partant dans une cascade de rires tonitruants. Des restes de poisson jaillirent de sa bouche et atterrirent sur les plats en éclaboussant au passage Odin et Pilgrin. Les deux lutins s'écartèrent sous l'assaut des projections, la mine dégoûtée et les jambes flageolantes. Mais soucieux de ne pas déplaire à leur hôte, ils se précipitèrent bien vite sur une assiette et se servirent promptement. Un morceau par-ci, un morceau par-là. Sans grand enthousiasme.

– Mais dans quel monde sommes-nous ? gémit Pilgrin. Tu as vu ce grand dégueulasse ?

– Chut ! Pas de mouvement d'humeur, souffla Odin. Mettons-nous là-bas, le plus loin possible du grand manitou.

Pourtant le chef Gobol ne tarda pas à les rejoindre, une assiette débordant de nourriture à la main.

– Alors, fça vous fplaît ? demanda-t-il à ses invités.

– Nous sommes au bord de l'extase, chef ! lança Pilgrin, le souffle court.

– Eh fbien, fbon appétit, les fenfants !

– Bon appétit, M'sieur ! répondit Odin en regardant d'un œil incertain ce qui nageait dans son écuelle. Au fait, nous cherchons une personne… avança-t-il timidement. Peut-être savez-vous où nous pouvons trouver le chevalier rouge ?

– Ah foui ! Le fchevalier frouge !

Le chef Gobol se toucha le menton en faisant mine de réfléchir. Puis il souleva le bonnet de Pilgrin, qu'il avait toujours sur la tête, avec ses mains poisseuses ! Le pauvre lutin plongea furieusement le nez dans son assiette, impuissant et en colère.

– Le fchevalier rouge vit dans les fmontagnes du fsud, au fmilieu d'un fvolcan. Mais il est très fdifficile fd'accéder à fson royaume. D'ailleurs, le fvolcan est fgardé par les fterribles fgnomes de feu. Fmême nous, favons fpeur de ces fénergumènes.

– Où se trouvent les montagnes du sud, chef ? demanda Pilgrin, oubliant d'un coup sa rancune.

– Après le fponton, vous ftournez à fdroite, puis à fgauche, puis à fdroite. Et c'est ftout droit, fdevant vous. Il faut fmarcher une fbonne fjournée fenviron.

– Une journée dites-vous ? Mais Aïda devait nous réveiller près de son royaume ! gémit Pilgrin en regardant Odin avec de grands yeux étonnés.

Le chef Gobol marqua une hésitation pendant un instant, puis reprit d'un ton enjoué :

– Mais ne vous finquiétez pas, les fenfants ! Vous fn'aurez pas fbesoin d'y aller !

– Et pourquoi cela, M'sieur ? interrogea Odin surpris.

– Eh fbien fparce que j'ai fpromis à Ffédor un ftrophée. Vous fallez fdonc frester avec nous, fbien fmanger, et dès fque vous fserez plus fépais, ce fsera vous que fnous fmangerons ! répondit le chef d'un air sadique. Je fgarderai vos ftêtes. Une fpour moi et une fpour Ffédor. Fnous les fexposerons sur le fponton, favec fles autres.

À ces mots, les deux lutins se regardèrent d'un air interdit, stoppés dans leur élan alors qu'ils s'apprêtaient à goûter la nourriture infâme. Eux qui pensaient être en sécurité, le danger les menaçait de nouveau.

Derrière eux, les Gobols se mirent à entonner un petit air enjoué d'une voix gutturale. Il faisait très chaud et ça sentait le vin. Odin et Pilgrin avaient le tournis. Le bourdonnement des mouches résonnait de plus en plus fort dans leur tête.

Soudain, une acclamation retentit au milieu des convives. Deux marmitons arrivaient de la cuisine toute proche. Ils portaient à bout de bras un plateau démesuré, sur lequel deux énormes têtes vertes souriaient béatement, les yeux fermés et la langue pendante.

– Ce sont les têtes du serpent des marais, murmura Odin.

– Les Gobols sont surexcités, regarde ! ajouta Pilgrin.

Les boules de poils se mirent à piétiner le sol et à frapper les gobelets avec leurs couverts. Leurs cris redoublèrent au moment où le plat fut posé sur une des tables. Un autre plateau, plus petit celui-là, fut amené sous le nez du chef Gobol et des deux lutins. Quatre boules blanches et rouges y baignaient, dans la même sauce écœurante que les autres plats : les yeux du serpent. Odin et Pilgrin eurent un haut-le-cœur et manquèrent de défaillir.

– Fallez les enfants ! Fmangez ! C'est le fmeilleur chez le fserpent ! Et c'est si frare !

Le chef Gobol planta vigoureusement sa fourchette dans l'un des yeux, avant de le mordre à pleines dents. Un liquide blanc visqueux gicla et se répandit sur toute la table.

À ce moment précis, les deux lutins s'évanouirent.

– Quel fdommage ! Ils ne fmangeront pas les yeux ! s'écria le chef. Ffinissons le frepas, fmes amis, puis nous les famènerons dans la fcave.

Il se jeta goulûment sur un deuxième œil en tapant au passage la main de Fédor qui tentait de s'en emparer en douce, puis le goba d'un seul coup.

33 - Le champignon

Les conversations, les clameurs et les chants allaient bon train et bercèrent Odin et Pilgrin pendant une partie de l'après-midi. Les deux amis n'avaient toujours pas repris connaissance quand le repas s'acheva enfin. Alors, le chef donna l'ordre de les jeter dans la réserve qui se situait juste en dessous du plancher de la taverne, et les deux jeunes furent lancés sans ménagement dans un panier, à côté des jambons et des saucissons.

Épuisés par toutes ces émotions, ils continuèrent de dormir, comme pour oublier cette fausse réalité qui était leur lot depuis la veille. La nuit se déroula sans surprise, au milieu des tonneaux et des casiers qui croulaient sous les bouteilles, les poissons et toutes sortes de victuailles.

Un rayon de soleil perça à travers la paille qui bouchait une lucarne. Il s'arrêta sur une rangée de bouteilles alignées sur une étagère, en goûta un instant le contenu doré, puis repartit vers un casier de poissons, avant de rebondir avec empressement sur l'œil d'Odin, comme écœuré par l'odeur. Le lutin entrouvrit doucement une paupière et porta la main à son front, avant de le frotter avec vigueur. Une barre de douleur traversait sa tête, lui rappelant ce qu'il avait mangé la veille. Il se leva péniblement, les membres engourdis, puis secoua Pilgrin. Ce dernier demeura un instant immobile, puis bâilla lentement. Il était tellement assommé qu'il ne parvenait pas à rassembler ses pensées. Brusquement, il sauta sur ses deux pieds.

– Par Harahélin, où sommes-nous, Odin ? Brrrr ! Comme cet endroit est humide ! s'exclama-t-il en frottant sa broussaille orange.

Ses yeux s'habituèrent peu à peu à la pénombre et s'arrêtèrent sur la silhouette de son ami, qui secouait une porte.

– Elle ne s'ouvre pas. Cherchons une autre issue, et vite ! lança Odin en revenant sur ses pas, une torche à la main.

Les deux lutins avancèrent lentement dans l'immense pièce, chacun accroché au tricot de l'autre. Mais les vieilles lattes de bois qui recouvraient le sol couinèrent, et ils durent se dresser sur la pointe de leurs chausses pour progresser plus discrètement. Eclairés par la lueur tremblotante du flambeau, ils scrutaient chaque recoin de la pièce voûtée, dans laquelle s'empilait dans un désordre inextricable un bric-à-brac de tonneaux, de casiers, de paniers et de vieux pots. De fortes odeurs de poissons mais aussi de charcuterie et de pourriture remplissaient l'air humide. On pouvait entendre des clapotis contre les cloisons en bois.

– Je crois savoir où nous nous trouvons, s'écria soudain Odin. On dirait une réserve ou une cave, dans laquelle on entrepose les victuailles. Et nous sommes tout près de l'eau, sous une pièce. Peut-être sous la cuisine de la taverne. Trouvons un ou deux sacs, que nous remplirons de jambon, de biscuits et de fruits… Et fuyons d'ici très vite !

– Mais comment ?

– Je ne sais pas encore, mais nous finirons bien par trouver une issue. Commençons par chercher ce qui pourrait nous servir de besace. Tiens, regarde là-bas !

Il désigna avec enthousiasme une pile de sacs traînant dans un coin. Avec l'aide de Pilgrin, il commença à les remplir de denrées comestibles en avançant au hasard et sans méthode, vers les profondeurs de la pièce.

– Atchoum !

– À tes souhaits, mon vieux!

– Mais ce n'est pas moi qui ai éternué ! s'étonna Pilgrin.

– Atchoum !

– Attends ! Chut ! Nous ne sommes pas seuls ici. Ne fais plus de bruit. Ecoute !

Les deux lutins dressèrent leurs oreilles et bloquèrent leur respiration. Soudain, ils sursautèrent :

– Atchoum !

Ils posèrent délicatement leurs sacs débordant de nourriture pour progresser plus à l'aise vers les éternuements. Odin tenait toujours la torche, flageolante, au bout de son bras.

– Il y a quelqu'un ? demanda-t-il d'une voix hésitante.

Personne ne répondit.

– Atchoum !

– On sait que vous êtes là ! Alors répondez, sinon on met le feu avec notre torche ! ordonna brutalement Pilgrin.

– Non, non ! Ne faites pas cela ! Je suis ficelée et je ne peux pas bouger. Venez plutôt me délivrer ! supplia une voix fluette, derrière un immense tonneau.

Un sanglot étouffé suivit la supplique.

Les deux lutins avancèrent avec prudence. Ils tendirent leur lumière vers le coin obscur d'où provenaient les gémissements. À leur grande stupéfaction, ils découvrirent un gros champignon qui ouvrait de grands yeux effrayés et gorgés de larmes.

– Je vous en supplie ! Ne me tuez pas !

Odin et Pilgrin se regardèrent un moment, indécis. Puis d'un seul mouvement, ils défirent les nœuds qui ficelaient solidement le champignon à un poteau, déroulant une corde longue d'au moins dix tours.

– Oh, merci mille fois de me délivrer ! Je m'appelle Armillaria Bulbosa, dit le champignon.

– Wouah ! Quel nom compliqué !

– Vous n'avez qu'à m'appeler Armillaria ! Je m'en contenterai.

– Tu es une champignonne ? demanda Odin avec douceur en regardant la créature essuyer précipitamment ses larmes.

– Oui, pourquoi ? Ça ne se voit pas ?

– Non… enfin oui… Je n'ai jamais vu de champignon qui parle, qui soit aussi grand que nous, et encore moins de champignonne ! s'exclama le lutin.

– Tu oublies où nous nous trouvons, intervint Pilgrin. Nous sommes dans le Monde des Songes ! Un pays de cauchemar où tout peut arriver ou exister, si tu veux mon avis ! Même les choses les plus bizarres… Tu avais déjà vu des Gobols auparavant, toi ?

– C'est quoi, le Monde des Songes ? interrogea alors Armillaria.

– Rien, répondit sèchement Odin, qui ne voulait pas s'étendre sur la question. Dis-nous plutôt pourquoi tu es prisonnière ici.

– J'ai été capturée par les Gobols il y a deux jours, pendant que je me promenais. Ils ont décidé de me manger. Sans savoir si j'étais comestible, d'ailleurs !

– Et tu l'es… ? Comestible ? demanda Pilgrin.

– Pourquoi, tu veux me manger ?

– Bien sûr que non, voyons ! Tu n'es pas comme les champignons que nous connaissons. On peut dire… Voyons… Que tu es… plutôt vivante ! répondit Pilgrin, soulagé d'avoir trouvé les mots justes. Ceux qui ne vexent pas.

– Alors oui, je suis comestible. Il suffit de me blanchir avant la cuisson, pour éliminer les quelques substances toxiques qui enrobent mon pied et mon chapeau.

Armillaria ajusta son large couvre-chef et avança dans la pièce en faisant de drôles de mimiques.

– Vous me trouvez comment ? demanda-t-elle aux lutins d'un air sérieux en se retournant vers eux.

Pilgrin donna un coup de coude dans les côtes d'Odin et étouffa un rire.

– Hum, hésita Odin. Disons que...

– On dira... facilement ! répondit Pilgrin sur un ton narquois. Oui, c'est ça, on te trouve facilement !

– ?

– Oui, on te voit bien, quoi !

– Ah... C'est la première fois que je porte ce costume, expliqua Armillaria. Enfin, je crois. Je ne me souviens pas comment j'étais avant. J'ai beau cherché dans ma mémoire, rien n'y fait.

– Bien, notre causette est sympathique, mais je suggère que nous ne tardions pas à nous échapper, intervint Odin impatient. Les Gobols sont peut-être déjà réveillés et ils peuvent débarquer d'un moment à l'autre pour venir chercher leur petit-déjeuner.

Il prit la main du champignon pour l'entraîner vers l'endroit où étaient restés les sacs. La créature avait deux bras et deux mains qui sortaient de son pied, et son visage était recouvert par un large chapeau doré.

– Prends ce sac, Amellaria ! lui dit Odin. Et toi, Pilgrin, prends celui-là ! Moi, je me dépêche de remplir une troisième sacoche.

– C'est *Armillaria* ! protesta le végétal.

– Quoi ?

– *Armillaria*, je m'appelle *Armillaria*.

– Bon, je t'appellerai Armia, ce sera plus simple pour nous, répondit Odin pendant qu'il remplissait pêle-mêle sa besace avec tout ce qui lui tombait sous la main : jambons, pâtés, pommes et morceaux de pain. En évitant toutefois le poisson.

– Voilà, cherchons une sortie maintenant !

Les trois prisonniers revinrent avec précaution vers l'entrée de la pièce, guidés par une faible lueur qui ondulait au fond de la réserve. Celle du rayon de soleil qui avait réveillé Odin.

– Regardez ! Le soleil passe par ce petit trou dans la paille. Cherchons à l'agrandir, ordonna Odin. Vite !

Ils se mirent à gratter, frotter et tirer la paille dans tous les sens, jusqu'à ce que le trou soit assez grand pour y glisser une tête. Cette fois, ce n'était plus un seul petit rayon qui pénétrait dans la pièce, mais un véritable faisceau de lumière. Odin roula un petit tonneau jusque sous l'ouverture, se hissa et passa la tête à l'extérieur.

– Nous sommes juste au-dessus de l'eau, tout près du ponton. J'avais raison. Nous passerons chacun à notre tour à travers la brèche, puis nous nous laisserons tomber dans l'eau et nagerons jusqu'à la rive, cachés sous le ponton. Nous pouvons réussir. De toute manière, nous n'avons pas le choix.

Il redescendit de son piédestal de fortune et poussa Pilgrin vers le tonneau.

– Allez, vas-y le premier. Une fois en bas, attends Armia pour l'aider.

– Je vais gonfler dans l'eau et je serai très lourde ! se lamenta aussitôt le champignon.

– Non, ça ira ! Nous ferons vite. Tu n'auras pas le temps de prendre l'eau, répondit Odin d'un air confiant.

Pilgrin glissa sa tête à l'extérieur, puis le reste de son corps. À son passage, la paille s'écarta un peu plus et le trou s'agrandit. Ce qui était d'ailleurs plutôt bon signe pour Armia, dont le chapeau était très encombrant. En un clin d'œil, le lutin disparut, et un coin de ciel bleu prit sa place devant la lucarne. On entendit un plouf sourd de l'autre côté de la cloison.

– Prends les sacs, Pilgrin ! chuchota Odin.

Il passa délicatement les trois besaces par la petite ouverture, et Pilgrin les suspendit à un crochet de bois qui formait une écaille sur un des piliers du ponton.

– À toi, Armia ! Courage ! Tout va bien se passer, dit Odin en se retournant vers le champignon.

34 - La dispute

Armia se hissa à son tour jusqu'à la brèche, non sans difficulté. Elle était embarrassée par son chapeau trop large et son unique pied. Mais elle parvint tout de même à faire passer sa tête en se mettant de biais. Elle perdit au passage quelques lambeaux de peau roussâtres, les plus gros, et gémit de douleur. Odin hésita un instant. Leur nouvelle amie avait vraiment du mal à passer… Aussi, il osa finalement appuyer ses deux mains sur l'arrière-train du pauvre champignon qui geignit de plus belle, mais de honte cette fois. Sa manœuvre eut toutefois le mérite de réussir, car Armia tomba enfin la tête la première dans l'eau du marécage. Un énorme bruit accompagna son plongeon.

– C'est bien ! J'arrive ! lui chuchota Odin en se penchant au-dehors.

Plus petit et plus agile, il disparut très vite dans l'eau boueuse, pour réapparaître presque aussitôt aux côtés du champignon, couronné d'un nénuphar qui dégoulinait sur ses cheveux blonds. Armia manqua de partir dans un fou rire en l'apercevant, mais elle réussit à contenir ses gloussements, de peur de le vexer.

– Où est Pilgrin ? demanda tout de suite Odin, inquiet. Je

ne le vois pas.

– Je ne sais pas. Il n'était pas là quand j'ai plongé…

– Je suis là, au-dessus de vous ! coupa une voix malicieuse.

– Mais tu es fou ! J'avais dit de rester SOUS le ponton, pas SUR le ponton ! Les Gobols vont te voir ! chuchota Odin paniqué.

– Non. Pour l'instant, tout le monde dort !

– Mais descends, voyons ! Qu'attends-tu ?

– Je ne pars pas sans mon bonnet ! déclara Pilgrin, d'un ton décidé.

– Quoi ! Je t'interdis de retourner chercher ce bonnet ! s'écria Odin, oubliant sur le coup de parler à voix basse.

Mais son ami avait déjà disparu. Au comble de l'énervement, le lutin frappa la surface de l'eau d'un violent coup de poing, ce qui eut pour effet de faire tomber le nénuphar de sa tête. Une petite grenouille, d'un rouge adorable, apparut alors à la place de la plante et se mit à coasser. Armia n'en pouvait plus. Elle se mit à rire aux éclats, avalant une gorgée d'eau sale par la même occasion. Ses tortillements d'allégresse mirent Odin dans tous ses états. Il saisit les sacs d'un geste brusque et souffla dans une colère noire :

– Chut ! On va finir par réveiller les Gobols ! Allez, viens, Armia ! Partons avant que tu n'absorbes trop d'eau ! Il faut retrouver cet imbécile de Pilgrin !

Le champignon se tut après deux derniers hoquets et se hâta de suivre son compagnon, qui avait déjà disparu derrière les piliers. Ils longèrent tous deux le ponton le plus discrètement possible, s'accrochant aux poutrelles moisies qui soutenaient avec effort le village. De temps en temps, des ronflements sonores et rassurants leur parvenaient du dessus : les Gobols dormaient toujours.

Pourtant, un hurlement strident perça soudain l'air, suivi du carillon d'une cloche et du fracas assourdissant d'un marteau. Des pieds se précipitèrent alors furieusement sur le ponton qui se mit à trembler. Le vacarme d'une course ponctuée de cris perçants, de rugissements féroces et de clameurs aiguës, résonna au-dessus de la structure de bois et des flèches traversèrent le ciel avant de retomber en trombe dans l'eau, sous le regard terrifié d'Odin et d'Armia. Les deux amis nagèrent frénétiquement vers la rive, mais elle paraissait malheureusement encore bien loin.

– Dépêche-toi, Armia ! Vite ! Vite !

Le champignon couinait, incapable de slalomer rapidement entre les poutrelles. Odin, très contrarié, regarda derrière lui les trois sacs qu'il venait de lâcher pour mieux nager, et qui étaient en train de couler à pic. Puis il glissa une main sous le bras d'Armia et la tira, la poussa, l'injuria, la brutalisa, la bouscula, la porta à moitié… Encore quelques mètres d'effort et ils arriveraient sur la berge.

Mais une tête de mort tomba dans l'eau juste sous le nez d'Armia en faisant des bulles. Le champignon partit dans des hurlements d'effroi, tandis que deux bottines pointues plongeaient dans le marécage et qu'une nouvelle main saisissait son bras libre.

– On a pied. Vite, sortez ! Ils ne sont plus très loin ! cria Pilgrin, qui venait de rejoindre ses compagnons.

Les braillements des Gobols se faisaient de plus en plus

proches sur le ponton. Ils ressemblaient aux rugissements effrayants de bêtes enragées. Odin et Pilgrin se hissèrent avec difficulté sur la berge, tremblant d'épuisement. Ils extirpèrent ensuite Armia de l'eau, à bout de forces. Leur amie était en larmes. Elle implorait et suppliait qu'on la laisse là. Elle n'en pouvait plus d'avaler de l'eau et de gonfler. Il est vrai qu'elle commençait à devenir très lourde. Mais les deux lutins s'agrippèrent à ses bras de plus belle et s'élancèrent avec elle sur le sentier de droite, celui qui menait au royaume du chevalier rouge.

Les Gobols, guidés par les larges traînées d'eau qu'Armia laissait derrière elle, continuaient de poursuivre leurs prisonniers évadés en leur jetant des flèches, des lances, et autres projectiles, qui venaient heurter les arbres tout proches, juste au-dessus des têtes des trois jeunes gens.

Pilgrin lâcha Armia et s'écria fébrilement :

– Continuez sans moi ! Je reviens !

Puis il repartit en sens inverse, vers les assaillants. Peu de temps après, un gigantesque cri, mi-rugissement mi-grondement, s'éleva du côté du marais. Les Gobols s'arrêtèrent, aux aguets. Ils hésitèrent un moment, surpris et angoissés, mais un nouveau braillement les convainquit de faire demi-tour, et ils repartirent vers leur village en poussant des clameurs de terreur.

Tout fier et tout sourire, Pilgrin remit son appeau dans sa poche et sortit de sa cachette pour rejoindre ses deux amis.

Il était en pleine course quand, au détour d'une courbe, il reçut un brutal crochet du droit sur la joue, qui le projeta méchamment au sol. Le choc avait été violent. Il secoua la tête, à demi assommé et l'esprit embrouillé, le souffle court et la joue en proie à une douleur intense. Puis il se releva péniblement pour se jeter furieux sur son adversaire, qui n'était autre qu'Odin.

– Qu'est-ce qui te prend ? rugit-il. Je viens de nous sauver la vie en imitant le serpent du marais avec l'appeau ! Les Gobols sont si approximatifs qu'ils ont cru à un monstre et qu'ils nous ont lâché les chausses !

– Tu n'aurais pas eu à faire ça si tu m'avais obéi et si tu étais resté caché avec nous ! s'écria Odin. Nous avons failli perdre Armia, et ce qui est sûr, c'est que nous pouvons dire adieu aux trois sacs de victuailles.

– Eh bien, si elle n'avait pas éclaté de rire comme une casserole, cette idiote, le chef Gobol ne se serait pas réveillé ! Par Harahélin, pourquoi as-tu laissé tomber les sacs, toi aussi !?

– Et comment voulais-tu que j'aide Armia à nager ? Tu aurais peut-être préféré que je la laisse se noyer et que je pense d'abord aux provisions ? Égoïste comme tu l'es, cela ne m'étonnerait qu'à peine !

À ces mots, Odin bondit sur Pilgrin, la mine renfrognée et l'œil farouche. Il lui arracha son bonnet, qu'il jeta au sol avec violence et piétina rageusement.

– Tiens, voilà pour ton idiot de bonnet !

Il agrippa ensuite Pilgrin d'une main et commença à lui donner des claques de l'autre. Les deux garçons se mirent alors à se battre. Ils étaient déchaînés et s'abreuvaient d'insultes et de coups. De son côté, Armia pleurait, assistant impuissante à cette bagarre imprévue. Finalement affaiblis et épuisés, les deux lutins s'agrippèrent l'un à l'autre, avant de se laisser choir dans la poussière du chemin.

35 - Armia

Profitant de cette accalmie inespérée, Armia se rua sur ses deux compagnons et les sépara d'un bon coup de pied de champignon.

– Vous devriez avoir honte ! hurla-t-elle. Deux soi-disant amis ! Comment osez-vous ? Si vous recommencez, j'en prends un pour taper l'autre ! Partons avant que les autres affreux ne changent d'avis et ne recommencent à nous courir après !

– Elle a raison ! murmura Odin. Faisons la paix.

Le lutin se releva et essuya une main meurtrie pour la tendre vers Pilgrin. Mais ce dernier l'ignora et se redressa sans l'aide de son ami. Puis il ramassa son bonnet et lui donna quelques coups pour en chasser la poussière.

– C'est une horreur, ce bonnet, remarqua Odin, narquois. Il pue la charogne et le poisson. Il pue le Gobol.

– Je le laverai dès que l'on trouvera une rivière ou un point d'eau, répondit Pilgrin avec acidité.

Et il s'éloigna aussitôt.

– Un *point d'os* ? interrogea Armia surprise. Vous nettoyez vos habits avec des *os* ?

– Mais non, voyons ! répondit Odin. Tu sais bien que l'on nettoie les vêtements avec de l'eau et du savon.

– On ne dit pas *du savon* mais *nous savons* ! s'écria le champignon d'un ton moralisateur.

– Mais qu'est-ce que tu as ? Tu es saoule, ma parole ! s'exclama Odin.

À ces mots, il prit Armia par le bras et l'aida à marcher, car elle était encore gonflée et avait du mal à se déplacer au milieu des larges flaques qui giclaient autour d'elle à chacun de ses mouvements.

– *Soue* ? Dis-donc, je ne suis pas une étable à cochons ! Je ne pue pas comme le chapeau de Pilgrin, moi ! Je suis propre, moi ! J'ai même avalé un peu trop d'eau, comme tu peux le constater, s'écria le champignon vexé.

– Bon écoute, Armia. Pourquoi n'avancerions-nous pas sans parler ? Cela semble te fatiguer encore plus. Attendons que toute l'eau que tu as ingurgitée sorte de ton corps, proposa Odin.

Mais Armia repartit de plus belle :

– D'où tiens-tu que j'ai de *l'os* et un *cor* ? s'exclama-t-elle mécontente. Je suis composée de fibres végétales. On peut me déchirer mais pas me casser !

Odin leva les yeux au ciel et se tut. Puis il poussa sa nouvelle amie devant lui sans ménagement. Ils retrouvèrent Pilgrin un peu plus loin, penché au-dessus d'un cours d'eau qui serpentait gaiement au milieu d'une prairie. Il frottait son bonnet avec une plante aux fleurs parfumées.

– Quelles fleurs gracieuses et légères ! Et comme elles sentent bon ! s'exclama Armia en caressant les pétales d'un rose frais et tendre.

– C'est de la saponaire, la renseigna Pilgrin, tandis qu'il rinçait son bonnet et en retirait une légère mousse. Ses racines contiennent une substance qui nettoie efficacement. C'est un peu comme une espèce de savon.

– On ne dit pas *de savon*, mais *nous savons* ! répliqua Armia, imperturbable.

Pilgrin se retourna vers elle et la détailla avec attention, l'œil plissé. Puis il jeta un regard interrogateur à Odin, qui lui fit un sourire rassurant en haussant les épaules.

– Je pense que l'eau du marais a des effets néfastes sur notre petite champignonne, expliqua le lutin. Les mêmes effets que nous ressentons après une bonne bière de pommes de pin, si tu vois ce que je veux dire…

– Du *pain* ? On va manger du *pain* ? Mmm, j'ai faim ! Ça tombe bien ! coupa Armia.

– Je vois…, répondit Pilgrin. Bon… Mon bonnet est comme neuf, maintenant. Pour prouver ma bonne volonté et faire la paix, je veux bien partir pêcher du poisson. Tu n'as qu'à nous faire un bon feu en attendant, dit-il à Odin.

Ce dernier se pencha vers son ami et lui donna une tape amicale sur l'épaule.

– Je suis heureux que nous soyons réconciliés, mon Pilgrin. Nous aurons sûrement besoin de toute notre amitié pour affronter ce qui nous attend.

– À temps ? *Le temps*, tu veux dire ! Il est au beau fixe et très sec aujourd'hui. Je pense que le feu prendra bien ! s'exclama Armia.

Odin haussa les épaules, agacé, et se mit à ramasser du petit bois sec et des brindilles pendant que Pilgrin se fabriquait une canne à pêche avec des joncs. Quelques minutes plus tard, une belle flambée se dressait à l'abri d'un érable, près du ruisseau. Il ne manquait plus que les poissons. Pour patienter, Odin et Armia partirent chercher des baies et des fruits sauvages.

« Dommage qu'Ysaline ne soit pas avec nous », songea le lutin avec mélancolie tandis qu'il cueillait des fruits un peu verts. « Elle saurait ce qu'il faut ramasser, et comment préparer le chewing-gum végétal qui revigore. Comme elle me manque ! » soupira-t-il tristement. Il revoyait la belle lutine peigner avec grâce ses longs cheveux couleur de blé et rire sous les rayons du soleil. « J'espère qu'elle est encore en vie et que nous n'arriverons pas trop tard, pensa-t-il avec anxiété. Il faut absolument se dépêcher de trouver ce chevalier rouge… »

Odin fut sorti de ses réflexions par Armia, qui s'était approchée de Pilgrin et s'exclama sur un ton de reproche :

– Tu pêches depuis déjà longtemps ! Et tu n'as attrapé qu'un seul poisson ?!

– Je pêche très lentement, répondit le lutin de mauvaise humeur.

– On *me ment* ? Qui *me ment* ?

– C'est bon ! La ferme !

– Il n'y a pas de *ferme* ici, rétorqua Armia impassible. Seulement un lutin qui ne sait pas pêcher et qui se contente de taquiner le poisson ! Je vais te montrer comment on fait. Pousse-toi !

Tout en disant ces mots, elle bouscula Pilgrin avec rudesse

et prit sa place au bord de l'eau. Puis elle s'empara de la canne à pêche et jeta le filin et son ver de vase dans le ruisseau. Presque aussitôt, elle ramena fièrement à elle une anguille. Pilgrin en resta bouche bée. Abasourdi, il la contempla répéter ce petit manège plusieurs fois, jusqu'à ce qu'elle ait pêché assez de poissons pour nourrir tout un régiment.

Sur ces entrefaites, Odin arriva les bras chargés de noisettes et de figues sauvages. Il empala les beaux poissons au bout de bâtons de fortune et les déposa sur la braise.

– Belles prises, Pilgrin. Je ne te savais pas si bon pêcheur ! dit-il à son ami.

– Ce n'est pas moi. C'est l'œuvre d'Armia ici présente, répondit le lutin d'un air désabusé. Elle a eu de la veine !

– Que nenni ! Je n'ai pas de *veines* mais des *lamelles*, s'exclama le champignon.

– Mais fais-la taire ! s'énerva Pilgrin. Sinon, je la mange pour accompagner mon poisson !

Armia se réfugia illico derrière Odin.

– Même pas en rêve, espèce de salade ! lança-t-elle. Eh oui ! Tu es vert comme une laitue ! On ne te l'avait jamais dit ?

Le lutin haussa les épaules.

– Tu as remarqué comme elle comprend dès qu'on suggère de la manger ! lança-t-il à Odin d'un ton complice. Je me marre !

– L'instinct de survie, je suppose, sourit son ami.

– Ce n'est pas une *mare* mais un ruisseau et il est très poissonneux ! s'exclama Armia, sortant sa tête de derrière l'épaule d'Odin. À condition de savoir pêcher, bien sûr !

– Grrrr… !

Cette fois, Pilgrin montra les dents. Instantanément, le champignon disparut à nouveau derrière le dos de son protecteur.

– Allons ! Asseyons-nous et mangeons. Ça ira mieux après ! déclara sagement Odin, d'un ton plein de bon sens. Et ne traînons pas, Pilgrin. Tu sais qu'une certaine Ysaline nous attend quelque part, dans un autre monde que nous devons trouver au plus vite.

– Ysaline occupe mes pensées à chaque instant, Odin. Je ne risque pas d'oublier notre mission ! répliqua son compagnon.

Odin se tut, pensif. Il regarda Pilgrin s'asseoir devant les poissons grillés et en tendre un à Armia. Comme son visage était triste ! Toutes ces épreuves avaient rongé sa gaieté et sa désinvolture habituelles.

– Nous ne savons plus plaisanter et encore moins nous amuser, dit-il avec mélancolie, dans un triste soupir.

– Ne t'inquiète pas, nous retrouverons notre joie de vivre dès qu'Ysaline sera sauvée, lui murmura Pilgrin d'un ton rassurant.

Suite à ces mots, les trois jeunes gens se restaurèrent copieusement, dégustant les anguilles, les carpes et les gardons pêchés par Armia. Puis ils éteignirent le feu, le cachèrent sous des branchages et ramassèrent de grandes feuilles de figuiers pour y mettre les restes du repas. Ainsi armés de baluchons, ils s'éloignèrent d'un bon pas vers le sud, en direction des montagnes qui apparaissaient rougeoyantes sur l'horizon lointain.

– Quand arriverons-nous enfin ? gémit Armia. C'est encore

loin ?

– Tu nous as posé cette question mille fois depuis que nous sommes partis ! s'écria Pilgrin mécontent. Tu n'en as pas assez de répéter toujours la même chose ?

– Non, du tout. Ça m'aide à tenir.

– Si tu le dis. Tu es toujours moins ridicule que tout à l'heure, lorsque tu faisais mine de ne pas comprendre nos paroles. C'est déjà ça d'acquis !

– On est en plein *maquis* justement ! Et ces cailloux blessent mon pied ! Et ces épines meurtrissent ma robe et mon chapeau ! Je n'en peux plus ! répondit brusquement le champignon. Nous marchons depuis six heures et toujours pas de chevalier rouge ! Et d'abord, pourquoi vous suivrais-je ? Qui est ce chevalier ? Pourquoi est-il si important ? La nuit tombera bientôt. Eh bien, je vous laisse tomber, moi aussi !

– Elle a un peu raison, concéda Odin. Arrêtons-nous près de ce bosquet et passons-y la nuit. Le soleil va se coucher. Nous avons besoin de prendre des forces avant de rencontrer ce fameux chevalier. Nous ne savons pas ce qui nous attend.

– D'accord…, reconnut Pilgrin, non sans une certaine réticence. Mais demain matin, nous partirons dès l'aube. Il ne nous reste que deux jours pour trouver et ramener Ysaline.

– Qui est cette Ysaline ? demanda soudain Armia, qui se rendait compte qu'elle ne s'était jamais intéressée de près à la mission de ses compagnons de route. C'est du café ? De la farine peut-être ? ajouta-t-elle.

– Explique-lui, Odin. Moi, elle me désespère ! s'écria Pilgrin.

– Ton ami est-il souvent de si méchante humeur ? s'étonna Armia, quelque peu décontenancée par l'attitude du lutin.

Tandis que Pilgrin se dirigeait vers un abri de fortune et disposait, sur une pierre, les derniers morceaux de poissons et de fruits, Odin commença à raconter la longue histoire qui expliquait leur présence en ces lieux.

La soirée se termina tard. Armia, charmée et fascinée par le récit de son ami, posait sans cesse des questions. Elle émettait des *hip* de surprise, des cris de frayeur, des *oh* de consternation, et fondit en larmes au moment où Odin fit le récit de la mort d'Aïda. Enfin, des gémissements de douleur sortirent de sa gorge quand elle imagina les coups portés par le serpent du marais.

Puis les trois amis se couchèrent à l'abri des bois, rassasiés et fatigués, sous une lune souriante. Et ils s'endormirent.

36 - La sorcière Astérophora

Le jour n'était pas encore levé quand Odin fut réveillé par de doux sanglots. Il se redressa et jeta un coup d'œil attentif autour de lui. Comprenant que ces pleurs discrets venaient de la forêt toute proche, il décida de se lever et d'aller voir ce qu'il se passait.

Il aperçut bientôt deux magnifiques ailes de papillon qui brillaient sous la lumière de la lune. Elles étaient recouvertes de dentelures délicates et transparentes. Le lutin s'approcha discrètement, de peur de faire disparaître l'apparition fantastique. Mais un murmure de surprise brisa l'enchantement. Une tête se redressa, et deux grands yeux lumineux remplis de larmes s'arrondirent dans la nuit.

Odin ouvrit la bouche, surpris, et retint sa respiration. Un rayon de lune éclairait maintenant le visage le plus merveilleux qu'il lui eut été donné de contempler. Il ne pouvait plus quitter des yeux la courbe gracile de la nuque, les fines oreilles pointues, les boucles brunes et courtes et la bouche gracieuse et charnue de l'elfe qui se trouvait devant lui. Les ailes élégantes de la créature se déployèrent avec délicatesse, prêtes à s'envoler.

– N'aie pas peur ! Ne pars pas ! Je ne te veux aucun mal ! murmura Odin. Pourquoi pleures-tu ainsi ?

L'elfe gémit.

– Je ne peux partir car je suis condamnée à rester attachée à ce champignon qui, comme tu le vois, dort sous moi.

Odin baissa les yeux et distingua une masse sombre qui ressemblait à s'y méprendre à Armia.

– Une terrible sorcière m'a jeté un sort. Depuis des mois maintenant, je ne suis plus moi-même, sauf la nuit. Le jour, je suis un champignon. La nuit, je redeviens une elfe, mais je suis attachée par une corde d'argent à ce champignon. Et, chose encore plus terrible : je ne me souviens plus de ce que j'ai pu faire ou dire durant la journée.

– Comment t'appelles-tu ? demanda Odin, qui commençait à imaginer la réponse.

– Armillaria Bulbosa. Quand les premiers rayons de soleil apparaissent, je suis prise de terribles éternuements. Un voile encombre alors mon esprit et je m'endors. Quelques secondes plus tard, lorsque je me réveille, je suis transformée en champignon. Et je suis condamnée à subir ce sortilège jusqu'à la fin de mes jours, car la sorcière qui me l'a jeté est morte avant d'avoir pu m'en délivrer.

L'elfe étouffa des sanglots. Le soleil se levait.

– J'ai sur moi un objet magique ! s'écria brusquement Odin, après un court silence.

Il venait d'avoir une idée.

– Il s'agit d'un scarabée d'or, d'une amulette, en quelque

sorte, dit-il en montrant à l'elfe son précieux objet. Mon druide me l'a offert. Peut-être puis-je me concentrer sur ta sorcière et la faire réapparaître ? À condition toutefois qu'elle se trouve dans le Monde Caché.

– C'est certain, puisqu'elle est morte. Elle vit maintenant au royaume des morts, répondit la créature.

– Dans ce cas, essayons, si tu veux bien. Cet objet magique appelle les êtres du Monde Caché. Nous ne risquons rien à tenter notre chance.

Le lutin s'approcha de l'elfe et lui prit la main avec délicatesse. Il était très troublé. Jamais il n'avait vu plus belle demoiselle, plus splendide apparition. Il glissa le scarabée aux creux de leurs paumes jointes et resserra sa main tremblante contre celle de la créature. Une onde parcourut ses doigts, puis son bras, enfin son corps tout entier. « Comme sa peau est douce, comme elle est belle et fragile ! » pensa-t-il furtivement.

– Médite sur ta sorcière. Très fort…, dit-il avec douceur.

Armillaria revit en mémoire la sorcière qui avait croisé sa route, une nuit d'été. Elle s'entendit lui expliquer qu'elle ne pouvait l'aider à trouver son chemin, étant elle-même perdue. Puis elle réentendit le ricanement qui lui avait répondu, se rappela de la lumière qui avait surgi des mains de la sorcière et ressentit à nouveau la douleur qui avait traversé son corps au même instant.

– C'est inutile, se lamenta-t-elle. Rien ne se passe.

Mais à peine terminait-elle sa phrase qu'un grondement se fit entendre. Une fumée épaisse et plus noire que la nuit surgit alors à leurs côtés.

– Qui m'appelle ? Qui me désire ? vociféra une voix grêle de vieille mégère.

Une sorcière sortit de la fumée dense et sombre. Les deux jeunes gens tressaillirent. Vêtue de voiles de soie sombre qui flottaient farouchement dans la brise de l'aube, la magicienne était impressionnante. Ses longs bras nus et blancs comme deux épées d'ivoire s'agitaient de colère. Sous ses traits ridés, on devinait malgré tout une certaine noblesse.

– Ah, mais c'est toi, Armillaria Bulbosa ? Tu es donc encore en vie ? brailla-t-elle.

Des sanglots angoissés firent écho à sa question. Mais Odin s'interposa.

– Je suis Odin, lutin fils de Yezalin et de Laurine. C'est moi qui t'ai rappelée, pas Armillaria. Je veux que tu délivres mon amie de ton mauvais sort ! Et au plus vite !

– Espèce de jeune effronté ! Odin, dis-tu ? Attends… Tu lui ressembles en y regardant bien. Tourne-toi pour que je regarde ta nuque. Je dois vérifier quelque chose.

Odin hésita.

– N'aie pas peur, ricana la sorcière. Je ne vais pas te manger ! Je ne mange plus d'enfants depuis que je vis dans le Monde Caché. Pour un peu, je chercherais même à devenir meilleure, vois-tu !

Elle se pencha vers Odin et souleva les mèches de cheveux qui tombaient sur sa nuque.

– Oui, il y a bien un croissant de lune, dit-elle. Le magicien avait donc raison…

Son regard s'absenta un instant puis retomba sur les jeunes

gens.

– Bien… Je vais délivrer Armillaria. Mais, pas parce que tu me le demandes avec autorité, précisa-t-elle à Odin, car cela mériterait une bonne correction. Non, simplement parce que je sais que le mage m'aidera alors à atteindre plus vite la Lumière. En revenant sur mon sort et en l'annulant, je quitterai plus vite le Village des Pas Perdus.

Après avoir ainsi mis les choses au clair, la sorcière prononça une forte incantation dans la nuit, et la chaîne d'argent qui liait l'elfe au champignon se désintégra. Aussitôt, Armillaria se redressa pour prendre son envol. Elle décrivit quelques boucles puis disparut dans le ciel étoilé en s'envolant tel un papillon.

– Voilà, es-tu satisfait, jeune insolent ? demanda la sorcière.

Elle partit dans un ricanement terrifiant. Son corps était secoué de terribles soubresauts qu'elle avait du mal à contenir. Toutefois, elle se calma quand ses yeux croisèrent ceux d'Odin, horrifiés. Satisfaite, elle s'écria :

– Je me suis fait un dernier petit plaisir, jeune Odin. N'aie aucune crainte. J'adore ricaner méchamment et faire frissonner les petits enfants. Quand je retournerai d'où je viens, je n'aurai plus le droit d'agir ainsi. Si je veux progresser et atteindre le Royaume de Lumière, je dois me comporter de manière irréprochable. Grâce à toi et à ton elfe, et surtout grâce à Bellissiphézagor, je deviens meilleure et je quitterai sûrement le Village des Pas Perdus. Allez adieu, petit lutin !

À ces mots, les pans de sa longue robe se mirent à flotter dans l'air, et la sorcière s'éclipsa dans des spirales de fumée noire. Mais avant que la dernière volute ne s'évaporât, on entendit son rire résonner dans le petit matin :

– Je n'oublierai pas de donner le bonjour à ton père ! De ta part, jeune Odin !

À ce moment précis, Armillaria réapparut.

– J'attendais que la sorcière disparaisse pour revenir, s'excusa-t-elle. Elle me fait trop peur ! Merci Odin ! Tu m'as sauvé la vie ! Je n'oublierai jamais ce que tu viens de faire. Avant de rentrer chez moi, je veux rester à tes côtés pour t'aider à retrouver ton amie Ysaline. C'est la moindre des choses.

Odin ne répondit pas. Des pensées angoissées et confuses assaillaient son esprit. Bien sûr, il était très heureux de continuer son voyage avec Armia, car la merveilleuse créature ne le laissait pas indifférent. Mais il n'arrivait pas à oublier les derniers mots de la sorcière. Donner le bonjour à son père ? Comment pourrait-elle donner le bonjour à son père puisqu'elle vivait dans le Monde Caché tandis qu'Yezalin, lui, était bien vivant dans le monde réel ? Et que venait faire Bellissiphézagor dans toute cette histoire ?

37 - Le chevalier rouge

Pilgrin ramassait les derniers reliefs du repas de la veille pour préparer un petit-déjeuner de fortune quand il aperçut Odin.

– Où étais-tu, Odin ? demanda-t-il quelque peu énervé. Le soleil se lève. Il faut partir maintenant. Il nous reste seulement deux jours ! Et Armia, où est-elle passée ?

– La voici, répondit Odin en tendant une main vers l'elfe qui le suivait.

– Tu dis que cette fille aux cheveux courts comme un garçon et avec une paire d'ailes dans le dos est… notre champignonne ? s'exclama Pilgrin incrédule.

– Oui, tu as tout compris. Armia est une elfe. Elle vient d'être délivrée d'un sort qui la maintenait à l'état de champignon pendant la journée.

– Bonjour ! Enchantée ! déclara la merveilleuse créature en inclinant la tête avec délicatesse.

– Et pourquoi n'a-t-elle pas été délivrée plus tôt ? demanda Pilgrin, toujours un peu méfiant.

– Je me suis servi du scarabée magique, expliqua Odin. J'ai fait revenir du Monde Caché la sorcière qui lui avait jeté un sort.

Cette harpie était décédée et ne pouvait donc plus la délivrer de son mauvais sort. Sans le scarabée, Armia serait restée un champignon jusqu'à la fin de sa vie.

– Je croyais que nous devions atteindre le Monde Caché avant de nous servir de cet objet. Et aussi, qu'il n'appelait que des êtres de Lumière !

– Moi aussi, je le croyais. Mais Aïda n'a guère été très précise quant au mode d'emploi. Et puis… J'ai essayé et ça a fonctionné.

– Dans ce cas, pourquoi ne pas tenter d'appeler Bellissiphézagor ? proposa Pilgrin. S'il est au même endroit que ta sorcière, il entendra peut-être notre appel.

– Bellissi… Quoi ? demanda Armia.

– Bellissiphézagor. C'est un mage, lui répondit Pilgrin.

– À tes souhaits ! s'écria alors l'elfe en pouffant.

– Je n'ai pas éternué ! s'étonna le lutin.

– Peut-être, mais ce nom à rallonge ressemble à un éternuement. Vous ne trouvez pas ?

– Non. Pas du tout. Je trouve qu'elle a gardé un peu de son caractère de champignon, marmonna Pilgrin en toisant la jeune fille.

– Allons ! Sois un peu plus tolérant avec elle, déclara Odin.

Soudain, un galop vigoureux fit vibrer le sol et interrompit la conversation des petits êtres. Trois chevaliers noirs comme la suie venaient de surgir au détour d'un chemin, dans un nuage d'éclairs et de poussière. Leurs montures, à la robe sombre et brillante, s'arc-boutèrent devant les enfants dans un tremblement nerveux. Des éclats étincelants et dorés jaillissaient de leurs sabots et de leurs étriers. Les chevaliers observèrent les enfants avec insistance. Ils portaient des casques à visière qui cachaient leur visage, et du fond de leurs yeux, que l'on devinait à peine, jaillissaient des braises ardentes aux éclats orangés.

– Qui êtes-vous, jeunes étrangers ? demanda l'un d'entre eux d'une voix sévère. Vous n'avez pas le droit de traverser les terres du chevalier rouge sans son autorisation. Ne vous a-t-on pas avertis ?

– Nous voulons justement rencontrer le chevalier rouge, répondit Odin avec aplomb.

– Qu'à cela ne tienne. Tu le verras très bientôt ! s'exclama le chevalier.

Il se pencha alors vers le lutin pour le hisser brutalement sur son cheval, tel un vulgaire sac de farine. Ses deux comparses firent de même avec Armia et Pilgrin.

– Non, mais ça ne va pas ! hurla Odin.

– Vous pourriez être plus courtois, surtout avec une jeune fille ! grogna Pilgrin.

Mais les chevaliers ne prêtèrent aucune attention aux remarques des lutins. Ils éperonnèrent leurs montures et s'élancèrent vers les montagnes qui rougeoyaient à l'autre bout de la plaine.

Quelques instants plus tard, dans un fracas de sabots métalliques, la petite unité arriva au pied d'un gigantesque volcan qui se dressait, majestueux, surmonté à son sommet par la citadelle la plus superbe et imposante que les lutins aient eu l'occasion de voir. Pour rejoindre les plus hautes tours de cette cité impressionnante, il fallait emprunter un chemin de pavés qui serpentait sur le flanc du volcan, creusé dans la roche rouge et noire.

Les chevaux reprirent leur course. Très vite, ils atteignirent les premières habitations. Au passage de la petite cavalerie, les habitants sortaient les uns après les autres sur le pas de leur porte. Quelques enfants joueurs détalèrent devant les voyageurs. Des poules affolées aussi.

Bientôt, une énorme muraille en pierre de lave surmontée de drapeaux à l'effigie du volcan se dressa au bout de la route. À son sommet, des soldats hurlaient des ordres pour que le pont-levis soit abaissé sur le fossé qui protégeait l'enceinte du fort. Une lourde herse s'ouvrit alors derrière le pont de bois, découvrant quantité de donjons, de tourelles et de beffrois impressionnants.

– Voici la citadelle du chevalier rouge, hurla le cavalier qui portait Odin.

Puis la petite troupe s'engouffra dans la cour d'entrée et la herse se referma lourdement derrière elle. Des gardes surgirent alors et s'empressèrent de saisir les brides des chevaux qui trépignaient de fatigue et de sueur. À peine arrêtés, les trois chevaliers sautèrent au sol et se saisirent des enfants avec vivacité. Ils s'élancèrent vers le fond de la cour pavée et empruntèrent un magnifique escalier en spirale, qui donnait sur la plus imposante des bâtisses, coincée entre deux tours d'angle. Une musique et des bruits de combat s'échappaient de ses murs. Soudain, un terrible tremblement fit frémir et claquer toutes les portes et les fenêtres. Chacun se figea. Une odeur âcre et forte emplit l'air rapidement.

– Ce n'est rien, le volcan se réveille ! assura celui qui tenait

Odin. Regardez au-dessus de vous !

Il montra un long panache de fumée aux couleurs flamboyantes qui dansait dans le ciel. Quelques instants plus tard, une pluie de poudre argentée retomba sur eux, telle une lourde menace.

– Allons, hâtons-nous ! ordonna le chevalier.

Ils traversèrent plusieurs pièces, grimpèrent encore quelques escaliers interminables et arrivèrent enfin dans une vaste salle de château, dont les murs étaient recouverts de lances, de boucliers et d'épées sanglantes. Il y faisait très chaud, malgré les fenêtres grandes ouvertes, mais l'ambiance y était festive. Des troubadours jouaient une mélodie entraînante, tandis que des danseuses tournoyaient autour d'un ours, que son dresseur obligeait à danser lui aussi grâce à un morceau de viande présenté sous sa muselière. Un peu plus loin, deux guerriers se livraient à un faux combat. Leurs longues épées heurtaient bruyamment des boucliers d'argent étincelants.

Plusieurs nobles, aux habits richement décorés, étaient attablés autour d'une multitude de victuailles. Ils mangeaient et riaient de bon cœur. Mais le plus impressionnant, dans ce décor médiéval, était l'être qui trônait au milieu de ses convives. Il était immense et dépassait d'une tête tous ses voisins. Son armure était d'un rouge sang et un masque, rouge lui aussi, cachait son visage. Ses yeux crachaient des étincelles.

Les convives s'arrêtèrent de festoyer pour examiner les nouveaux arrivants. Une voix caverneuse s'éleva alors dans la salle :

– Que m'apportes-tu là, mon bon Dacrymycène ? De jeunes enfants pour mon déjeuner ?

Le géant se leva et, en quelques enjambées, vint se planter devant les trois soldats. Il pencha ses yeux de braise vers les lutins tremblants de peur, puis dit d'un ton boudeur :

– Qu'on les mette au cachot ! Je n'ai plus faim ! J'ai déjà trop mangé.

– Non ! Seigneur ! hurla Odin, dans un élan de courage.

– Tu oses t'adresser au chevalier rouge ? gronda la gigantesque créature.

– Vous devez nous donner une pierre de feu ! continua le lutin d'une voix tremblante. Nous en avons besoin pour pénétrer dans le Monde Caché ! C'est urgent !

Le chevalier rouge fit un signe vigoureux de la tête à Dacrymycène, le cavalier qui portait Odin. Les enfants furent alors transportés en dehors de la pièce, par une porte dérobée, tandis que le géant s'en retournait vers ses invités et demandait à boire. Il avait grand soif.

38 - Alsestre

Quelques heures plus tard, une ombre descendit discrètement dans les tréfonds du château et se dirigea vers les oubliettes.

– Allez, mon brave ! Va nettoyer les latrines et laisse-moi seul avec les prisonniers ! dit le chevalier rouge au geôlier en arrivant devant un cachot.

– Sire, les enfants n'ont pas arrêté de se lamenter. Ils réclament une pierre de feu, précisa le gardien en quittant la pièce sombre et suintante d'humidité.

– Je suis au courant. Va !

Le geôlier obéit aussitôt à son maître sans demander son reste, car le seigneur de ces lieux avait la réputation de s'énerver très facilement. Il ne voulait pas se retrouver à la place des gamins qu'il gardait depuis le matin.

Lorsque son sujet eut totalement disparu, le chevalier tourna une lourde clé dans la grande serrure qui se trouvait devant lui. La porte métallique du cachot s'ouvrit alors en grinçant sur une pièce minuscule et à peine éclairée. Odin, Pilgrin et Armia étaient assis sur la seule et unique couche qui occupait l'espace, posée à même le sol.

– Allez ! Venez avec moi ! leur dit le chevalier rouge. Et plus vite que ça !

Les trois amis se levèrent prestement et, sans oser regarder celui qui avait grondé les ordres, sortirent de la petite prison. Puis ils suivirent l'étrange personnage en tremblant de tous leurs membres, à travers un souterrain humide et sombre, éclairé çà et là par quelques torches. Leur hôte avait de longues jambes et marchait si rapidement qu'ils étaient obligés de courir derrière lui pour ne pas le perdre dans le dédale de couloirs. Tout à coup, il s'arrêta devant un mur et appuya deux fois à un endroit précis avec la pointe de son poignard. Une brique recula sans bruit, tourna sur place, et une porte dérobée s'ébranla avant de s'ouvrir sur un grand escalier en colimaçon. Encore un.

– Allez, les enfants, dit le chevalier rouge d'une voix qui se voulait plus douce. Montez ! Je vous suis. Laissez-moi juste le temps de refermer le passage secret.

Odin et ses amis se retrouvèrent dans le large escalier, qui était éclairé par une multitude de chandeliers accrochés aux murs, en alternance avec des tableaux somptueux. Ses marches étaient sculptées dans du marbre rose et veiné, et de temps en temps, une sculpture ou un vase imposant décorait l'une d'entre elles, plus large que les autres, suggérant un palier. L'endroit respirait la beauté et le luxe. Les enfants se sentirent plus rassurés. Ils commencèrent à escalader la longue spirale avec confiance.

– Plus vite ! Plus vite ! Je ne voudrais pas que l'on me surprenne, murmura le chevalier d'une voix pressante, mais toujours douce.

Odin se retourna vers lui, étonné d'entendre l'intonation

plus humaine qu'avait pris sa voix. Mais lorsqu'il croisa du regard les courtes flammes qui sortaient du masque couleur de sang, il perdit aussitôt tout espoir. Dans quel piège s'étaient-ils laissés entraîner ? Ils finiraient rôtis, grillés par les yeux de ce personnage diabolique. Le lutin se mit à frissonner et ralentit son rythme, car ses jambes chancelaient.

– Allez, plus vite, mon petit ! Plus vite ! s'impatienta le géant.

Mais voyant que l'enfant était à bout de forces, il l'empoigna vivement et le glissa sous son bras. Puis il fit de même avec Pilgrin et Armia, et grimpa quatre à quatre les dernières marches de l'escalier. Arrivé en haut, il déposa les trois jeunes gens au bout d'un long couloir sans issue, face à un mur sur lequel il recommença à taper avec son poignard. Une magnifique pièce apparut alors de l'autre côté de la cloison pivotante.

– Entrez, mais surtout ne faites pas de bruit ! murmura le chevalier.

Il referma la porte derrière eux.

Les enfants écarquillèrent les yeux devant la magnificence de la pièce. De lourds rideaux de velours pourpre encadraient de vastes portes-fenêtres, tandis qu'un lit à baldaquin trônait majestueusement contre le mur du fond, orné de tentures de soie fine et de couvertures d'un rouge sombre. Sur le côté, une table en marqueterie était recouverte de plats ou de coupes regorgeant de mets fins et délicats.

– Allez, les enfants, mangez ! J'ai fait préparer ce repas pour vous. Je sais qu'en bas, vous n'avez reçu qu'un morceau de fromage et du pain. Votre ventre doit crier famine.

Le chevalier avait raison. Les trois jeunes gens oublièrent

instantanément leur frayeur et leur désarroi pour se jeter sur la nourriture.

– Ah ! Cela fait plaisir de vous voir manger ainsi, avec autant d'enthousiasme. Ma cour, elle, est toujours rassasiée. Elle n'en peut plus de manger ! Aussi boude-t-elle le plus souvent les mets de choix que je fais présenter à ma table. Mangez, mangez, régalez-vous, mes petits ! Reprenez des forces !

Tout en disant ces mots, le chevalier se tourna vers une coiffeuse. Il commença à dévisser quelques boulons autour de son cou, et ôta l'imposant masque rouge qui emprisonnait son visage. Les trois amis, qui surveillaient leur hôte du coin de l'œil, restèrent bouche bée. Ils s'arrêtèrent aussitôt de manger, ne pouvant plus avaler un seul morceau. Il n'y avait pas de tête derrière le masque !

– Je suis là, les enfants ! N'ayez crainte, dit une voix étouffée.

Un homme sortit alors de la gigantesque armure, vêtu d'un tailleur fin de cuir rouge. Sa taille était normale, pour ne pas dire moyenne, et son visage était empreint de douceur.

– Ah ! quelle chaleur là-dedans ! Je crois que je ne m'y ferai jamais ! dit-il en souriant.

Pilgrin avala avec effort le bout de poulet qui était resté collé à son palais.

– Mais, vous êtes un simple être humain ! s'exclama-t-il avec surprise. Vous n'êtes pas un monstre !

– Eh oui ! Je suis même un simple marin, si tu veux tout savoir ! répondit l'homme. Mon bateau a échoué près de cette contrée il y a une vingtaine d'années. Le chevalier à l'armure rouge m'a recueilli. Il était vieux, et se sachant près de la mort, il me confia le secret de son armure et de son royaume. Comme vous pouvez le constater, à l'intérieur du plastron se trouve toute une série de mécanismes. Ils commandent le casque et les flammes qui sortent par la visière, ici, à l'emplacement des yeux. Tout ce système a pour but d'effrayer les gens, bien sûr !

Fier de lui, le faux géant s'approcha des trois enfants pour leur faire contempler sa machine.

– Mais pourquoi dissimulez-vous votre vrai visage ? demanda Odin.

– Parce que mes sujets doivent me craindre, répondit le chevalier. Surtout les gnomes de feu. Ces êtres sont terribles, mais nous avons besoin d'eux. Ce sont les seuls capables de supporter de longues heures de travail dans les entrailles du volcan. Ils extraient les roches et la lave, ainsi que les pierres de feu. Vous savez, ce que vous êtes venus chercher ! ajouta-t-il en lançant aux enfants un clin d'œil malicieux.

– Vous en possédez donc ? Des pierres de feu ? se hasarda timidement Armia.

Le chevalier tourna vers elle ses yeux couleur d'océan tropical. La jeune fille baissa la tête. C'étaient les plus beaux yeux qu'elle ait eu l'occasion de contempler. Elle était troublée.

– Bien sûr que nous en possédons. Elles nous servent à maintenir le volcan dans un état de demi-sommeil. De temps en temps, il gronde et tente de cracher sa lave et ses cendres sur le royaume, comme cela s'est produit ce matin même, à votre arrivée. Mais grâce aux pierres de feu que les gnomes jettent régulièrement dans ses fissures, nous le muselons en quelque sorte. Le plus drôle, c'est que le volcan fournit lui-même les pierres magiques qui le neutralisent. Chaque soir à la tombée de la nuit, nous les retrouvons au bord de son cratère. Et il n'y a plus qu'à les stocker, avant de les lui rendre.

– C'est donc grâce aux pierres de feu que vous avez arrêté l'éruption de ce matin ? demanda Odin avec justesse.

– Eh oui, mon petit. Entends-tu le volcan rugir en ce moment ? Non ! Parce que nous l'avons rendormi ! Un petit coup de sirop pour la toux, et hop le tour est joué ! Mais revenons-en aux pierres. Pourquoi en voulez-vous une ?

Odin, qui avait repris confiance, se lança le premier dans les explications.

– Voilà : une mauvaise fée du nom d'Agapande a enlevé notre amie Ysaline, avant de se rendre dans le Monde Caché. Vous savez, le monde des morts. Et pour y pénétrer, à défaut de mourir, solution qui n'est guère envisageable, nous devons utiliser une pierre de feu et nous jeter avec elle dans un précipice.

– Et pourquoi cela ? demanda le chevalier surpris.

– Nous ne le savons pas, mais c'est la seule solution, intervint Pilgrin. Les sœurs d'Agapande et Aïda notre druide sont formelles sur ce point.

– Je vois… Je veux bien vous aider, mais à une condition, conclut le chevalier. Je vous accompagne ainsi que mon bon Dacrymycène. C'est un valeureux guerrier, qui peut nous être très utile.

Odin se tourna vers ses compagnons.

– Êtes-vous d'accord ? les interrogea-t-il.

– Bien sûr ! répondit Armia sans hésiter en regardant le chevalier d'un air mielleux.

– Plus on est de fous, plus on rit ! ajouta Pilgrin.

– Mais pourquoi voulez-vous venir avec nous ? demanda tout de même Odin, poussé par la curiosité.

– Vous n'êtes que des enfants et ce voyage me paraît très dangereux, répondit le chevalier. Et pour tout vous avouer, j'ai un petit compte à régler avec Agapande.

– Comment ? Vous la connaissez ? s'exclama Odin.

– Oui. Il y a très longtemps, nous nous sommes connus et aimés.

– Et aimés ? Vous avez aimé cette sorcière ?

– Ce n'est pas une sorcière mais une fée ! Et une fée... Humm... Belle comme une journée de printemps, fraîche comme une rose qui éclôt et délicate comme une tourterelle.

Le regard du chevalier se perdit dans le vide. Pilgrin le sortit de sa rêverie.

– Parlons-nous de la même Agapande ? La nôtre est cruelle, féroce et sournoise.

– La mienne aussi. C'est donc la même femme. Mais comme elle est belle ! N'est-ce pas ?

Armia, qui n'avait jamais vu la fée, ressentit une pointe de jalousie. Comment pouvait-on abandonner un homme aux yeux si magnifiques ? Cet homme aux yeux qui avaient dû connaître tous les océans et toutes les mers de la terre ! Elle se dit qu'Agapande devait être bête ou aveugle.

– Nous devons partir très vite ! s'écria subitement Odin. Il ne nous reste qu'une journée et quelques heures, précisa-t-il en examinant la montre qu'il venait de sortir de sa poche.

– Très bel objet, mon petit, siffla le chevalier.

– Au fait, je m'appelle Odin, Monsieur. Et voici Armia et Pilgrin.

– Mon véritable nom est Alsestre. Je le préfère mille fois à celui de chevalier rouge. Mais je ne vous autorise à le prononcer qu'une fois dans le ventre du volcan.

– Le ventre du volcan ? s'écria Armia, effrayée.

– Oui. Nous allons sauter tous ensemble dans le cratère du volcan.

– Vous êtes fous ! s'exclama Pilgrin. Vous voulez tous nous tuer !

– Eh bien, vous ne m'avez pas dit qu'il fallait sauter dans un précipice pour atteindre le Monde Caché ? N'est-ce pas de cette façon qu'Agapande s'est enfuie ?

– Exact, reprit Odin. Notre druide a ouvert un précipice dans la glace et Agapande s'y est jetée.

– Vous voyez !

– Mais le feu n'est pas la glace ! s'écria Armia. Si nous ne mourons pas en sautant, nous serons brûlés vifs pendant la chute.

– Non, reprit Alsestre. Pas si nous avons avec nous la pierre de feu. Elle est magique et nous protégera des flammes. Une bonne inspiration, les yeux fermés, un saut dans le vide et le tour est joué !

– Facile ! ironisa Pilgrin. Je m'y vois déjà ! J'ai hâte d'y être !

Il fit une grimace éloquente en direction de ses amis.

– Bien ! conclut Alsestre. Je vais faire appeler mon ami Dacrymycène. Attendez-moi là pendant ce temps. Et surtout, ne faites aucun bruit.

Le chevalier remit rapidement son armure et son casque, puis sortit de la pièce. Il lança au passage quelques flammes aux enfants, à travers sa visière. Pendant un court instant, les lutins et leur amie se demandèrent si c'était bien la même personne. Ce déguisement était si déconcertant !

– J'ai peur de sauter dans le volcan ! murmura Armia d'un ton abattu.

– Reste ici et attends-nous, lui proposa Odin. Ce n'est pas ton histoire mais la nôtre.

– Non ! Je ne vous quitte pas. J'aurais encore plus peur de rester seule ici, au milieu de tous ces gens que je ne connais pas. Et si je rencontrais un gnome de feu ?

39 - Les gnomes de feu

Le chevalier rouge fut bientôt de retour, Dacrymycène sur ses talons. Ce dernier, qui était presque aussi impressionnant que son maître, fit un signe de tête aux jeunes gens. Puis, les deux hommes se dirigèrent vers la porte dérobée et l'ouvrirent en tapant les quelques coups rituels avec une dague.

– Allez, suivez-nous ! dit Alsestre en se retournant vers les jeunes lutins. Ne perdons pas de temps.

Tous se mirent à dévaler le long escalier qui déroulait son hélice jusqu'aux tréfonds du château. Pilgrin se demanda à juste titre pourquoi ils devaient descendre quand logiquement ils auraient dû monter, pour atteindre le sommet du volcan. Ils arrivèrent devant la petite porte cachée dans la brique. Cette dernière fut prestement ouverte et ils plongèrent dans le long corridor noir et humide qu'ils avaient arpenté quelque temps plus tôt. Cette fois, le chevalier prit une direction différente. Ils durent grimper une nouvelle volée de marches.

– C'est fou ce qu'il peut y avoir de marches dans ce royaume, souffla Pilgrin à Odin.

– Au moins, nous grimpons, maintenant, ce qui paraît plus

logique, tu ne trouves pas ?

– Que l'on monte ou que l'on descende, qu'est-ce qu'il fait chaud ici ! se plaignit Armia.

Le petit groupe pénétra dans une vaste cavité rocheuse, qui entourait un trou tout aussi gigantesque. On le devinait abyssal. Des éclats rouges et jaunes sautillaient sur toutes les cloisons de la grotte, et le bruit sourd d'un soufflet résonnait dans l'air, de plus en plus fort. Brusquement, un grondement assourdissant monta de la terre, se répercuta contre la roche et étouffa le son du soufflet.

– C'est le rugissement du volcan ! hurla Alsestre en s'avançant près du trou. Nous sommes tout proches de son cœur !

Des dizaines de petits êtres, à peine plus grands que les lutins, allaient et venaient un peu partout, affairés. Ils portaient des caisses, poussaient des chariots, examinaient des ruisseaux de lave et pesaient des pierres sur des balances métalliques.

– Voici les gnomes du feu, déclara Dacrymycène. Ils sont petits, laids et difformes. Comme vous pouvez le constater, ils cachent leur apparence sous une toge qui rappelle celle que portent les moines. La plupart du temps, des capuchons recouvrent leurs visages.

– Et chaque fois que l'un de ces êtres étranges me croise, il s'incline exagérément. Signe d'un grand respect ou d'une grande terreur devant le chevalier rouge, expliqua Alsestre en tentant de couvrir de sa voix le grondement du volcan.

Il se détourna alors pour faire la démonstration de ce qu'il venait d'affirmer, et s'approcha d'un gnome, qui le salua avec beaucoup d'empressement. La petite créature, impressionnée par l'intérêt soudain dont elle faisait l'objet, s'inclina sans discontinuer. D'un geste de la main, le chevalier l'invita à s'arrêter. Puis il l'entretint avec assurance du rôle très important qu'il allait lui confier.

– On nous apporte une pierre de feu tout de suite ! annonça-t-il fièrement en revenant vers Dacrymycène et les enfants.

L'attente ne fut pas longue. Le gnome surgit quelques secondes plus tard en portant à bout de bras un sac en cuir dont s'échappait une fumée épaisse. Tout en tendant l'objet vers son maître, il émit un grognement étouffé à travers la capuche qui dissimulait son visage, ne laissant entrevoir qu'une petite barbe courte et dure. Pour le remercier, le chevalier rouge fit une grande révérence et posa une main gantée sur son épaule. Puis il se saisit du présent, qu'il mit aussitôt en bandoulière contre son plastron.

– Allez, on y va ! s'exclama-t-il avec entrain. Je commence à étouffer dans mon armure !

Tout en disant ces mots, il saisit Armia dans un de ses bras tandis que son compagnon empoignait les deux lutins. Les deux hommes s'approchèrent dangereusement du gouffre.

– À nous, Monde Caché ! crièrent-ils ensemble.

Puis ils sautèrent dans le vide.

Odin eut juste le temps de lever les yeux vers les hauteurs de la grotte. Derrière l'épais panache de fumée qui s'échappait du cratère, on distinguait un ruban de nuit piqué d'étincelles brillantes dans un ciel couleur d'encre. Les premières étoiles commençaient à scintiller. « Déjà la nuit. Plus qu'une journée pour retrouver notre Ysaline », pensa-t-il furtivement.

Armia ferma les yeux et hurla le nom de sa mère. Un nom imprononçable.

Pilgrin ouvrit les siens et se vit tomber à une vitesse vertigineuse dans un enfer brûlant et rougeoyant. « Quelle sensation ! Bien plus palpitante que celle des sauts de lianes. Foi de Pilgrin ! » jugea-t-il avec ravissement.

40 - Le gardien des ténèbres

Armia attendait les yeux fermés, indécise. Était-elle vivante ou non ? Elle se décida à les ouvrir et découvrit alors, tout autour d'elle, un spectacle infernal. Des flammes gigantesques se dressaient, menaçantes et fières, à perte de vue. Pourtant, aucune ne semblait pouvoir l'atteindre. Elle n'étouffait pas sous la chaleur et se sentait même plutôt bien, détendue, peut-être apaisée. À travers le brasier froid et rugissant, elle aperçut ses compagnons d'infortune. Ils semblaient dans le même état qu'elle : hébétés et calmes. Rassurée, elle déplia ses ailes de papillon et vola vers eux.

– Voici donc le fond du cratère ! s'écria Alsestre, le chevalier rouge, en prenant dans sa main la sacoche qui contenait la pierre de feu. Je crois que la magie de cette pierre nous protège du feu et nous permet d'évoluer dans le volcan sans danger.

– Crois-tu que nous soyons dans le Monde Caché ? demanda Dacrymycène.

– Je ne le sais pas encore. Il nous faut avancer pour découvrir ces lieux.

– Pilgrin ! Armia ! Est-ce que ça va ? demanda Odin, qui s'était approché de ses deux amis.

– Oui, on ne peut mieux. Quelle chute, par Harahélin ! s'écria Pilgrin enthousiaste. Jamais je n'avais ressenti un plaisir aussi intense !

– Es-tu fou ? s'exclama Armia. J'ai cru mourir, moi ! Est-ce que mes ailes sont intactes ? Elles sont si fragiles !

L'elfe se retourna pour regarder son dos, angoissée. Elle donna quelques coups d'ailes rapides et secs, comme si elle s'ébrouait.

– Ne crains rien, elles sont magnifiques, la rassura Odin. La lumière des flammes les rend encore plus transparentes et lumineuses, ajouta-t-il en tendant une main pour caresser les deux voiles délicats.

Armia frissonna sous la chatouille, et esquissa un tendre sourire en direction de son ami. Ce dernier prit une teinte rouge cerise, mais grâce aux reflets du brasier sur son visage, personne ne s'en aperçut.

La voix d'Alsestre s'éleva alors brusquement et sortit les lutins de leur contemplation du feu.

– Il doit bien exister une porte qui donne sur le Monde Caché. Ne perdons pas de temps. Cherchons-la !

Le petit groupe s'enfonça au hasard dans un petit espace sombre, coincé entre deux murailles de flammes. Les minutes s'égrenaient, mais aucune porte n'apparaissait.

Soudain, un râle sourd et monocorde gronda, quelque part dans les éclats du brasier, et une bête effrayante surgit des flammes. Elle se dirigea vers le groupe d'un pas lent pour venir lui faire face et lui barrer le passage. Puis, bien plantée sur ses quatre pattes, elle dévisagea les visiteurs un à un de ses yeux menaçants et couleur d'ambre. Elle en possédait quatre, deux de chaque côté de son énorme museau, et son pelage était couvert de sang.

– Maintenant, on peut dire que ça sent le roussi, marmonna Pilgrin.

– Je pense que c'est le chien chargé de garder l'entrée du Monde Caché, cria Alsestre. Il arrête les morts qui veulent retourner dans le monde des vivants. Et inversement, il empêche quiconque n'est pas mort de pénétrer dans le Monde Caché !

– Ses mâchoires sont redoutables, murmura Odin.

– Et sa salive coule épaisse le long de sa gueule, ajouta Pilgrin. Beurk !

– Son garrot dépasse la hauteur de deux chevaliers, gémit Armia. J'ai peur, les garçons !

– Regardez ! s'écria Dacrymycène en pointant son doigt au loin. Derrière lui, on distingue une immense porte en bois.

– Sûrement celle qui donne sur le Monde Caché. Il va falloir combattre le monstre pour y avoir accès, décréta Alsestre. Écartez-vous, les enfants ! cria-t-il en saisissant son épée.

Dacrymycène imita son maître. Les deux hommes s'approchèrent calmement du cerbère, d'un air décidé et impitoyable. Ils le contournèrent chacun par un côté et se positionnèrent de part et d'autre de son gigantesque corps. Ils semblaient minuscules face à ce monstre extraordinaire. Les yeux de la bête se crispèrent deux par deux, comme pour dévorer chaque soldat du regard. Ses babines se relevèrent, dévoilant des crocs acérés et une gencive baveuse et saignante. Soudain, dans un aboiement féroce, le chien bondit sur Dacrymycène. Ce dernier se défendit en le frappant violemment sur le museau, et fut projeté à terre. La bête, furieuse et hurlant de douleur, ouvrit grand sa mâchoire et la fit claquer juste au-dessus du pauvre chevalier, qui eut à peine le temps de rouler sur le côté pour lui échapper. Alsestre profita de cette diversion pour sauter sur elle et planter son épée dans le premier membre qu'il put trouver, à savoir une patte.

Le cerbère se retourna alors violemment pour faire face à l'attaque. Mais ses crocs se refermèrent une nouvelle fois dans le vide : Alsestre se précipitait déjà vers sa queue, qu'il se mit à labourer à grands coups d'épée en arrachant d'épaisses touffes de poils. Sous cet affront, l'animal se cabra de colère et émit un hurlement phénoménal.

À ce moment, et contre toute attente, Armia s'envola timidement vers les combattants. Elle portait dans ses mains un gros gâteau, qu'elle tendit en toute innocence vers la gueule grande ouverte et furieuse du monstre. Ce dernier se calma aussitôt et se mit à flairer le mets alléchant en jappant joyeusement. Il remua la queue et s'assit sagement comme s'il attendait sa pitance. Armia descendit vers lui en un vol gracieux et déposa la pâtisserie entre ses pattes. L'animal se lécha les babines et se mit immédiatement à dévorer. Au même instant, la porte en bois s'ouvrit derrière lui.

– Vite, profitons-en pour entrer dans le Monde Caché ! hurla Alsestre en relevant vivement son ami Dacrymycène, qui était toujours couché au sol.

Les deux hommes s'engouffrèrent brusquement entre les

battants de la porte, suivis d'Odin et de Pilgrin. Mais Armia ne bougeait pas. Elle caressait tendrement le museau du cerbère en le contemplant avec émerveillement.

– Armia, viens vite ! cria Odin en revenant la chercher. Le monstre aura bientôt englouti la dernière bouchée de gâteau. Tu veux peut-être lui servir de dessert ?

Les deux amis se précipitèrent de l'autre côté de la porte et Armia eut à peine le temps de jeter un dernier regard vers l'énorme toutou avant qu'Odin ne referme les deux battants derrière eux.

– Le pauvre, il avait simplement faim ! dit la jeune fille en se retournant, surprise de croiser les regards ahuris de ses amis.

– Mes félicitations pour votre intervention, Mademoiselle ! lui dit le chevalier rouge avec admiration. Je pense que vous nous avez sauvé la vie. Tout simplement.

Il regarda ses compagnons, qui approuvèrent d'un signe de tête.

– Mais d'où sortiez-vous ce gâteau, jeune fille ? demanda Dacrymycène.

– Il était par terre, près de la sacoche, expliqua Armia. Je pense que la pierre de feu s'est transformée en gâteau au miel. Et c'est bien connu : le cerbère adore le gâteau au miel !

– En effet, je n'ai plus la sacoche sur moi ! s'étonna le chevalier rouge, qui se mit à chercher autour de son plastron et à gesticuler dans tous les sens. J'ai dû la perdre pendant le combat. Permettez-moi, chère demoiselle, de vous baiser la main, ajouta-t-il en s'agenouillant devant Armia. Jamais je n'aurais imaginé une telle bravoure…

Il hésita avant de continuer :

– … de la part d'une si frêle jeune fille.

Puis il extirpa sa tête de son armure pour déposer un léger baiser sur les doigts tendus de l'elfe. Armia rougit de fierté et de plaisir. Elle trembla légèrement et cilla des yeux pour retenir les larmes d'émotion qui cherchaient à s'en échapper.

– Je ne pensais pas que tu aurais le courage d'approcher de si près une bête aussi terrifiante, déclara Pilgrin en serrant la main de son amie.

– Mais finalement, ce n'était qu'un gros chien, murmura Armia. Bon… C'est vrai… Un monstrueux gros chien, ajouta-t-elle, émue par tous ces compliments.

Odin s'approcha à son tour pour poser sa main avec tendresse sur le bras de la jeune fille.

– Merci, Armia, dit-il dans un souffle. Tu a eu raison de vouloir venir avec nous plutôt que de nous attendre là-haut. J'avais sous-estimé l'aide précieuse que tu pouvais nous apporter dans le Monde Caché…

– Le Monde Caché… Parlons-en ! murmura Pilgrin en se détournant de ses compagnons.

Ces derniers suivirent son regard et s'arrêtèrent de discuter, interdits.

41 - Le Village des pas perdus

Devant eux, une forêt lugubre et sinistre déployait ses nuances de noir et de gris à perte de vue. Elle était plongée dans une nuit sans lune ni étoiles, et pourtant, on la distinguait parfaitement, tendant vers le ciel les mille bras menaçants de ses arbres tordus et feuillus. Un seul sentier s'y dirigeait et y pénétrait avec détermination. Il débutait justement aux pieds de la petite troupe. Les lutins et leurs amis avaient beau chercher du regard un autre passage dans ce clair-obscur, ils ne voyaient que cet unique chemin. Derrière eux, la porte en bois s'était refermée sur un mur haut et inaccessible dont on ne distinguait même pas la fin. De toute manière, ils n'avaient aucune envie de repartir dans cette direction. Ils entendaient le cerbère gémir derrière la porte, à l'affût d'un autre plat à dévorer.

Dacrymycène intervint :

– Alsestre, penses-tu que nous ayons atteint le Monde Caché ?

– De toute façon, quel que soit cet endroit, nous n'avons pas le choix, annonça le chevalier rouge. Il semble que ce chemin soit une invitation. Nous verrons bien ce qu'il nous arrivera. Courage ! Allons-y !

Tremblante, Armia se blottit contre Odin et Pilgrin. Les trois enfants se réfugièrent derrière les chevaliers, qui venaient de laisser tomber leurs casques et leurs plastrons afin d'y voir plus clair et d'être plus libres de leurs mouvements. Pour la première fois, ils eurent l'occasion d'observer la véritable apparence de Dacrymycène. Il était brun et entre deux âges, comme Alsestre, et aurait pu être beau, si son visage n'avait été barré par une vilaine cicatrice qui le traversait du front jusqu'au menton.

– Un souvenir de guerre, expliqua le chevalier, comme pour répondre à la question muette des trois jeunes gens.

– Dacrymycène m'a sauvé la vie ce jour-là, intervint Alsestre. Et je lui en serai toujours reconnaissant. C'était à l'époque où nous n'étions encore que de simples marins.

À cette évocation, le regard du chevalier rouge se troubla. Il posa une main sur l'épaule de son ami, qui serra aussitôt cette poigne amicale.

– Bien. Allons-y ! Assez de sentiments ! dit-il après un soupir.

Il tendit son épée face à la nuit et Dacrymycène dégaina la sienne.

Nos cinq héros prirent une profonde inspiration, hésitèrent une dernière fois, puis s'avancèrent d'un pas résolu vers la forêt, les épées et les dagues à l'affût d'éventuels agresseurs. Une sueur froide coulait le long de leur échine. Plus ils avançaient vers les arbres immenses et fourchus, plus le lieu leur semblait effrayant et morbide.

Enfin, il atteignirent les premiers taillis et s'enfoncèrent dans les bois hostiles, à pas lents et prudents.

– Si nous continuons ainsi, dans très peu de temps nous n'y verrons goutte ! annonça Alsestre d'une voix éteinte.

Mais à peine avait-il terminé sa phrase qu'un bruissement de feuilles et de racines s'éleva brusquement de la forêt. Les arbres avançaient et penchaient leurs bras démesurés vers les visiteurs. Bientôt, ils agrippèrent de leurs doigts tordus et crochus les cheveux et les vêtements des cinq amis et les soulevèrent dans les airs.

Ces derniers hurlèrent et tentèrent de se débattre. Mais sans résultat. À peine les épées des chevaliers avaient-elles coupé les liens qui les retenaient prisonniers que de nouvelles branches s'enroulaient autour de leurs corps.

Soudain, ils furent tous projetés avec violence vers les troncs d'arbres, qui ouvrirent instantanément de larges gueules et les avalèrent. Dans un tourbillon fou de spirales et de couleurs, ils furent aspirés vers la cime des arbres et recrachés quelques minutes plus tard sur une large plate-forme en bois.

Un peu hébétés, ils restèrent quelques instants assommés et sans voix. Ils commençaient tout juste à reprendre leurs esprits quand ils virent venir à eux une foule de créatures habillées de toges claires, telle une armée de fantômes. On devinait derrière elle les toits d'un village en bois. L'atmosphère était austère et glauque.

– Bienvenue dans le Village des Pas Perdus, dit un vieil homme à la longue barbe blanche. Je m'appelle Remnil et je suis le chef de ce village.

Sa voix se voulait rassurante. Douce mais grave, elle résonnait avec amour au-dessus des têtes, comme pour les sanctifier. Ses deux yeux clairs et bienfaisants perçaient l'obscurité.

– Bon... bon... bonsoir Monsieur, bredouilla Odin, qui fut le premier à se relever. Sommes-nous dans le Monde Caché ?

– Oui exactement, répondit le vieil homme. Je suis le mage du Village des Pas Perdus et je m'occupe de recevoir les âmes des défunts. En voici une partie, ajouta-t-il en désignant les êtres qui l'accompagnaient. Notre village est tellement immense que, parfois, j'oublie combien nous sommes. Mais il est vrai qu'il arrive chaque jour de nouvelles âmes et qu'il en part tout autant.

Les cinq amis examinèrent avec attention les défunts et découvrirent avec stupeur leurs origines. Ils distinguèrent quantité de trolls, de fées, de sorcières, de chevaliers, de géants, de nains, d'elfes, de faunes, de gnomes, et de lutins... Tout ce que le bestiaire fantastique pouvait répertorier dans ses annales. Tous ces êtres arboraient un visage impassible, d'une pâleur extrême. Leurs yeux exprimaient la tristesse ou la mélancolie, et leurs longues robes paraissaient grises bien qu'on les devinât blanches. Quand Odin se tourna vers ses compagnons, il remarqua avec soulagement que leurs propres vêtements étaient restés intacts et avaient gardé leur couleur.

– Vous n'êtes pas des défunts, reprit Remnil. Vos habits n'ont pas été modifiés. Vous avez dû passer la porte du Monde Caché en simples visiteurs. Certainement avec une pierre de feu, n'est-ce pas ? Je vois que vous n'êtes pas des cœurs impurs. Pourquoi donc avez-vous pris ce risque ? interrogea-t-il avec douceur.

– Nous sommes venus chercher notre amie Ysaline. Elle a

été amenée ici par une fée nommée Agapande. Les auriez-vous vues ? demanda Odin empli d'espoir.

– Non. Mais j'ai entendu parler d'Agapande. Elle évolue dans un autre plan, un plan inférieur. Une sorcière du nom d'Astérophora est restée quelque temps ici, parmi nous, avant de rejoindre la Lumière. Elle arrivait du Royaume des Ombres et nous a parlé d'Agapande, qu'elle y avait croisée. D'après elle, la fée portait dans ses bras une enfant endormie. Elle cherchait à rejoindre Bellissiphézagor, un magicien. Mais ce dernier évolue dans un plan supérieur au nôtre. Il nous a quittés il y a bien longtemps.

– Comment peut-on les trouver, Agapande et Bellissiphézagor ? demanda Pilgrin avec une pointe d'impatience dans la voix.

– C'est très compliqué. Voyez-vous, le Monde Caché contient en fait trois niveaux différents, qui ne communiquent entre eux que très difficilement. Tout à l'heure, vous vous trouviez sans le savoir au premier niveau, celui des peuples de l'Ombre, qui sont souvent très malveillants. Les arbres vous ont projetés vers notre niveau, celui des âmes des défunts qui font leur temps avant de gagner le niveau supérieur. Parfois leur attente est courte, parfois elle est longue. Mais tôt ou tard, elles atteignent le dernier niveau, celui des êtres de Lumière, qui sont bienveillants et bienfaisants.

– Si je comprends bien, intervint Alsestre, il nous faut redescendre pour trouver Agapande et monter pour atteindre Bellissiphézagor.

– En quelque sorte… oui, fit le vieux sage, hésitant. Sauf

que ce n'est pas aussi simple. Comme vous avez pu le constater, les arbres servent d'ascenseurs entre les différents niveaux. Mais il ne suffit pas de vouloir pour pouvoir. Une force inconnue décide à notre place si on est autorisé à monter. Quant à descendre, c'est impossible en principe. Un être ne peut qu'évoluer vers la Lumière. Quand il atteint une certaine conscience du Bien, il n'est plus le même et ne peut plus régresser. Est-ce que je suis clair ?

– Pas vraiment, répondit Alsestre. Pourquoi sommes-nous arrivés ici et ne sommes-nous pas restés en bas ?

– Parce que vous n'appartenez pas au Royaume des Ombres. Pas plus que vous n'appartenez au Royaume de Lumière. Vous avez donc atterri ici, parmi nous. Au niveau intermédiaire.

– Et quelle solution avons-nous ? s'inquiéta Odin. Il ne nous reste que deux et quatre, c'est-à-dire vingt-quatre heures pour retrouver Ysaline. Il faut absolument que nous sortions d'ici, par Harahélin !

– Je ne peux rien ajouter de plus, conclut le vieux sage. Je vous ai dit tout ce que je savais. À mon avis, il vous sera plus facile de monter jusqu'au niveau des êtres de Lumière. Les âmes se rendent toujours là-bas lorsqu'elles me quittent.

– Et quand aura lieu le prochain départ ? demanda Pilgrin.

– Le procédé ne fonctionne pas ainsi ! Je vous ai dit qu'une force inconnue décide pour nous ! Quand une âme est convaincue de sa mort définitive, quand elle a compris qu'elle ne pourra plus revenir en arrière, ou bien quand elle opère un lâcher-prise sur les évènements ou les actes qu'elle a commis de son vivant, alors la force agit. Une branche s'abat sur elle et elle est emportée, avalée par un arbre. Elle est alors aspirée jusqu'au niveau supérieur, celui de la Lumière.

– C'est un peu ce que nous a expliqué Aïda avant que nous partions, confirma Odin en regardant Pilgrin.

– Mais enfin, nous sommes pressés ! insista ce dernier, énervé en se tournant vers Remnil. Ne comprenez-vous pas ?

– Je ne peux rien faire pour vous, répondit le vieil homme d'une voix immuable. Sauf vous souhaiter bon courage et vous conseiller d'être patients.

Tout en disant ces mots, il se détourna du groupe. La foule s'écarta pour le laisser passer avant de se disperser lentement.

42 - Le scarabée d'or

– Nous voilà bien avancés, s'écria Pilgrin en colère en frappant du pied une feuille morte qui gisait près de lui. Après tout ce que nous venons de traverser, s'arrêter bêtement entre deux étages !

– Voyons, réfléchissons, proposa Odin avec calme et sagesse. Faisons le tour de nos atouts.

– Moi, je suis là avec Dacrymycène pour vous aider à combattre les démons, dit fièrement Alsestre. En espérant que nos épées aient quelque utilité dans ce monde insolite !

Le chevalier inspecta son arme avec attention, comme si elle allait lui répondre par l'affirmative.

– Et moi, je peux voler et essayer de monter le plus haut possible, proposa Armia en s'élevant avec grâce et légèreté au-dessus du sol.

– Non, Armia, je ne pense pas que ce soit la solution, la modéra Odin. Si j'ai bien compris, nous devons absolument passer par l'intérieur des arbres, et non par l'extérieur. Mais comment provoquer le même tourbillon que tout à l'heure, quand nous avons été aspirés ? Nous ne pouvons pas nous contenter d'attendre que la force opère d'elle-même ! D'ailleurs, comme nous ne sommes pas des âmes, qui sait si elle interviendra de nouveau sur nous pour nous projeter dans le Royaume de Lumière ?

– La Lumière ! Oui ! Essayons d'appeler un être de Lumière avec ton scarabée d'or ! suggéra Armia, avec précipitation. N'est-il pas magique ? Il nous a bien permis de rappeler ma sorcière !

– Tu as raison. Tentons d'appeler Bellissiphézagor ! intervint Pilgrin dans un sursaut de clairvoyance.

– Très bien, je sors l'amulette, conclut Odin. Maintenant, posez chacun une main sur elle en pensant au mage !

Les cinq amis joignirent leurs mains sur le scarabée d'or et se concentrèrent. Les minutes passèrent… longues… lentes...

– Impossible. Nous n'y arriverons pas ! s'exclama soudain Odin avec dépit.

– Peut-être parce que nous ne connaissons pas le bonhomme, suggéra Pilgrin. Difficile de visualiser quelqu'un que l'on n'a jamais vu !

– Pourquoi ne pas essayer avec la sorcière ? proposa Odin en s'adressant à Armia. Elle a entendu notre appel hier, et pourtant elle se trouvait beaucoup plus loin qu'elle ne doit l'être en ce moment.

Armia acquiesça à contrecœur, et le groupe recommença patiemment son rituel. Au bout de quelques instants, un bruit de roulement rompit le silence et une fumée dense et noire surgit à leurs côtés.

– Qui m'appelle ? Qui désire parler à Astérophora ? vociféra une voix grêle de vieille femme, tandis que la sorcière apparaissait de plus en plus nettement dans le nuage de fumée.

– C'est donc vous, Astérophora ! La sorcière qui a quitté le Royaume des Ombres et le Village des Pas Perdus ? s'enquit Odin.

– Ah mais ! Tu es Odin ! répondit la vieille femme. Et toi, tu es Armia ! dit-elle en pointant un doigt tordu et crochu en direction des deux jeunes gens. Je vous reconnais bien ! Que me voulez-vous encore ? Ne t'ai-je pas libérée, Armia ? D'ailleurs, je pense que mon geste envers toi a favorisé mon passage vers le Royaume de Lumière. Juste après notre rencontre, j'ai quitté le Village des Pas Perdus. Pffft ! Comme ça !

Elle claqua des doigts, ce qui fit sursauter tout le petit groupe.

– Et je me suis retrouvée avec les Bienfaisants sans avoir rien demandé, conclut-elle.

– Vous venez donc du Royaume de Lumière ? intervint Dacrymycène.

– Oui et j'aimerais bien y rester, si ça ne vous dérange pas. Pourquoi m'avez-vous fait descendre ?

– Nous voulons rencontrer Bellissiphézagor, répondit Odin.

– Ton père ?

– Mon père est Yezalin, deuxième du nom. Vous vous trompez certainement, Madame, répondit le lutin à la sorcière. Par contre, l'amie que nous sommes venus délivrer, Ysaline, est la fille du grand magicien.

– Je n'y comprends rien. Je sais pourtant de source sûre que l'enfant de Bellissiphézagor porte une lune dessinée sur la nuque. Et tu as une lune. J'ai bien vérifié, hier.

– Comment savez-vous que l'enfant du mage a une marque ? demanda Odin. Hier, je n'ai pas pensé à vous demander pourquoi vous regardiez ma nuque.

– J'ai aidé ton père à se cacher dans la forêt de Manakiel avec ta mère. C'était au moment de ta naissance, vers la fin de la guerre entre les fées et les lutins.

– Ah…, répondit Odin laconique. Et alors ?

– Quand j'ai rejoint ton père dans le Royaume de Lumière, hier justement, je lui ai dit que je venais de te rencontrer et il m'a tout de suite demandé comment tu allais. Mais il est vrai que je n'ai pas précisé ton sexe. Pourtant, il me semble qu'Odin est un prénom masculin !

La sorcière mordillait un ongle long et sale, l'air absent. Odin la regarda, confondu. Cette vieille femme devait être en train de perdre la tête. S'il était vraiment le fils de Bellissiphézagor, sa mère Laurine le lui aurait dit avant son départ. Mais n'avait-elle pas justement tenté de dire quelque chose avant qu'Aïda ne s'emporte contre elle ?

Pilgrin sortit le lutin de ses réflexions embrouillées.

– Aïda, notre druide, nous a confirmé qu'Ysaline est sa fille et aussi celle du mage. Et nous la croyons, affirma-t-il sûr de lui. Mais là n'est pas le problème. En ce moment même, Ysaline est en grand danger, et plus nous parlons, plus nous perdons du temps. Ne pouvez-vous pas nous aider à joindre le magicien ? demanda-t-il à la sorcière. Nous réglerons la question qui vous préoccupe une fois devant lui.

– Tu as raison, mon garçon, répliqua la vieille femme. De plus, si je ramène à Bellissiphézagor son fils, parce que je persiste à dire qu'Odin est son fils, il m'en sera très reconnaissant. Je pourrai certainement progresser vers la Lumière plus rapidement encore. Et quitter le Monde Caché définitivement, qui sait. J'adore voyager. À moi les nouveaux univers !

La sorcière partit dans un ricanement dont les « ong ong » rappelaient les borborygmes du singe qui fait une vilaine plaisanterie.

Pilgrin commença à taper du pied, les bras joints sur la poitrine, et l'observa d'un œil furieux. Astérophora s'arrêta immédiatement de rire et offrit un faible sourire tout en quenottes pourries au lutin mécontent.

– Bon, bon, ne perdons plus de temps. Je vois que ce jeune monsieur n'a guère d'humour, murmura-t-elle.

– Dans d'autres circonstances, je ne serais pas contre. Mais là, franchement, c'est déplacé, lui répondit Pilgrin d'un ton hargneux.

– Eh bien, il va falloir te détendre, mon petit ! rétorqua la sorcière. Car tu ne peux décoller qu'en pensant très fort à quelque chose de gai, de léger ou de plaisant. Le mieux serait que tu sois amoureux. À ce moment-là, il te suffit de penser à l'être aimé pour partir tout droit vers le Royaume de Lumière.

À peine avait-elle prononcé ces mots que les deux chevaliers, les deux lutins et l'elfe virent arriver sur eux des branches, qui les saisirent avec violence et les projetèrent dans la nuit grise et sans étoiles, avant de les envoyer dans les gueules grandes ouvertes des arbres. Ils n'eurent même pas le temps de crier avant de se faire avaler.

– Eh ! Attendez-moi ! Où allez-vous tous comme ça, sans moi ? Vous ne connaissez même pas le chemin ! Il vous faut un guide ! cria la sorcière, qui tentait vainement de se concentrer sur l'amour, la beauté et la légèreté.

Elle avait encore du mal à maîtriser toutes ces notions.

– À croire qu'ils sont tous amoureux ! marmonna-t-elle dans son menton poilu.

43 - Le Royaume de Lumière

– Wouah ! Quelle sensation par Harahélin ! s'écria Pilgrin en roulant sur un tapis moelleux de mousse. Vous avez vu comme ce tunnel de couleurs phosphorescentes nous a aspirés ?

Les cinq amis venaient d'être régurgités avec brusquerie par les arbres-ascenseurs. Mais leur atterrissage avait heureusement été adouci par la moquette de fines herbes moussues qui tapissait la prairie.

– Regardez comme c'est magnifique ! s'écria Armia en se redressant. Le paysage est de toute beauté !

Un soleil splendide montait doucement à l'horizon et dardait ses rayons fabuleux à travers une atmosphère douce et limpide aux odeurs de fleurs, d'arbres humides et d'herbe verte. Tout brillait. Tout vibrait de vie, de joie de vivre et de lumière intense. Une immense vallée aux courbes féminines se déployait en contrebas. Une large rivière aux reflets argentés serpentait depuis l'horizon jusqu'à eux, entourée de collines et surplombée au loin par des montagnes enneigées. Ils se trouvaient dans une jolie petite clairière, entourée de bois aux couleurs chaudes et aux feuilles chatoyantes.

– C'est divin ! murmura l'elfe admirative, qui avait toujours été très sensible aux beautés de la nature.

– Surnaturel ! bredouilla Pilgrin.

– Magnifique ! décréta Alsestre.

– Il n'y a pas de mots ! conclut Odin.

– Miaou ! Miaou ! miaula soudain un chat bicolore à leurs côtés.

Ils se retournèrent tous, surpris.

– Je vous ai enfin trouvés ! Une chance pour vous ! Vous seriez vite perdus sans mon aide, dans cette immensité joyeuse.

– Tiens, un chat qui parle ! s'étonna Pilgrin.

– C'est moi, Astérophora ! affirma le chat.

– Pourquoi changez-vous d'aspect ? demanda Odin, surpris par la transformation de la sorcière.

– Cet endroit est si merveilleux que je ne saurais lui faire l'offense de lui montrer ma véritable personne. Et j'avoue ne pas supporter mon aspect quand je me trouve en ces lieux. Mon être vibre tout entier d'un sentiment glorieux et rit de bonheur. En chat, j'exprime plus volontiers cette joie et la légèreté de mon cœur.

– Vous êtes très mignonne ainsi, si je puis me permettre, dit Dacrymycène qui avait toujours aimé les chats.

Il se pencha pour caresser l'animal.

– Vous ne devriez pas faire cela, jeune homme, dit la chatte Astérophora. Vous ne savez pas où vous me câlinez exactement.

À ces mots, le chevalier retira vite sa main de la fourrure exquise. Il la regarda, inquiet.

– Les taches sur votre fourrure sont assez amusantes. Je dirais que leur disposition est plutôt…

Il cherchait le mot…

– Inattendue, reprit-il.

– Vous trouvez ? J'ai du mal à choisir entre le blanc et le noir. Le blanc, pour la pureté que je veux atteindre. Le noir, en souvenir de mon ancienne couleur fétiche. Le résultat est saisissant, vous ne trouvez pas ? demanda Astérophora.

Elle avait arc-bouté son dos en s'étirant gracieusement, afin d'exposer aux yeux toutes les nuances de son pelage.

– C'est touchant tout cela, mais le domino va peut-être nous montrer la route pour atteindre le mage Bellissiphézagor maintenant ?

La sorcière jeta à Pilgrin un regard amer de chatte irritée.

– Comment supportez-vous ce malotru ? demanda-t-elle aux compagnons du lutin.

– Il était plus gai avant qu'Ysaline ne soit enlevée, expliqua Odin en posant une main compréhensive sur le bras de son ami. Je pense qu'il serait bienvenu de votre part de tenir votre promesse et de nous amener auprès de Bellissiphézagor.

– Demandé ainsi avec autant de délicatesse, je ne peux refuser, minauda la chatte en léchant son pelage. Mettez-vous sur le côté. J'appelle trois chevaux de voyage. Nous irons ainsi plus vite.

Elle se redressa sur ses pattes arrière et émit une série de miaulements rauques. Bientôt, trois chevaux blancs et ailés surgirent du ciel embrasé. Leurs ailes battaient l'air dans un mouvement gracieux et projetaient de grandes ombres souples sur la prairie. Les bêtes somptueuses décrivirent plusieurs courbes au-dessus des cinq voyageurs avant de toucher terre, majestueusement. Elles hennirent, s'ébrouèrent et frappèrent le sol de leurs sabots d'ivoire, prêtes à reprendre leur envol.

– Quels chevaux magnifiques ! s'écria Dacrymycène émerveillé en s'approchant de l'un d'eux.

– Tu as raison, mon ami, approuva Alsestre. Je n'ai jamais vu de juments aussi racées.

Il s'approcha à son tour de l'une des bêtes et caressa amoureusement les plumes de ses ailes, qui étaient aussi soyeuses que celles d'un cygne. Sa main se perdit dans la crinière ondulante, semblable à une chevelure de fée.

– Bien, vous choisirez chacun une jument, Messieurs les chevaliers, expliqua la sorcière. Je monterai la troisième avec les trois jeunes gens. La route sera longue jusqu'au Royaume de Lumière. Prenez aussi chacun une boule de poils et mangez-la. Ainsi, vous n'aurez plus faim pendant quelques heures, et surtout, vous n'aurez pas froid lorsque nous volerons dans les cieux.

À ces mots, Astérophora lécha son long pelage, en mâchouilla les poils, et recracha une boule compacte, blanche et noire. Elle recommença quatre fois sa manœuvre puis présenta ses œuvres aux cinq compagnons. Des regards inquiets et dégoûtés accueillirent la pitance.

– C'est ça ou vous ne tiendrez pas longtemps là-haut dans les airs, dit la chatte d'un air pincé.

On se regarda et on expertisa la substance. On hésitait. Odin fut le premier à se décider, imité par ses deux amis puis par les adultes. À leur grande surprise, la boule fondait dans la bouche et avait le goût douceâtre du miel.

– C'est délicieux, s'émerveilla Armia.

– Vous voyez, il ne faut pas se fier aux apparences ! s'écria la chatte dans un sourire. Allez, on décolle !

Elle bondit sur le dos d'une des juments avec toute la souplesse que lui autorisait son corps de félin, puis se pencha vers le cou de la bête. Cette dernière se mit à genoux sur ses deux pattes avant, afin que les enfants puissent l'escalader. Alsestre et Dacrymycène n'eurent quant à eux aucune difficulté à sauter sur l'échine de leur monture. Ils prirent juste soin de ne pas abîmer les ailes fragiles et immaculées.

Aussitôt, les chevaux se mirent à cavaler dans la prairie, qu'ils quittèrent dans un galop fougueux pour décoller et prendre leur envol vers le sud. Leurs ailes démesurées s'étendaient avec souplesse à travers l'air immobile qui frémissait sur leur passage.

Odin baissa les yeux et perdit très vite de vue la butte sur laquelle il se trouvait avec ses amis un instant auparavant. Bientôt, un vent frais le frappa au visage tandis que les ailes des chevaux adoptaient un rythme régulier. En contrebas, les paysages se succédaient, déployant leurs bois, forêts, prairies et collines. La rivière n'était plus qu'un fil fragile de soie argentée, tandis que les montagnes enneigées et dentelées grandissaient à l'horizon. Le vent se mit à souffler encore plus fort, mais comme l'avait annoncé Astérophora avant le décollage, les voyageurs n'étaient pas sensibles à la morsure du froid. Pourtant, la poudre blanche et légère du givre commençait à recouvrir leur visage et leurs mains. Mais une joie si intense les submergeait qu'ils étaient incapables de penser à autre chose qu'au plaisir qu'ils ressentaient à voir les chevaux planer vers le firmament et s'élever dans le bleu azuréen.

Bientôt, la petite troupe entama sa descente vers de splendides forêts. Une clairière apparut, couverte en son centre d'une bâtisse lumineuse. Les chevaux ailés décrivirent des cercles amples qui se resserraient de plus en plus vers le sol. Les voyageurs atterrirent avec légèreté devant une imposante pyramide en verre, heureux malgré tout de retrouver la douce chaleur du sol, le bruissement du vent dans les feuilles des arbres, et le parfum délicat de la nature.

– Attendez-moi là ! ordonna Astérophora. Je vais chercher notre mage.

44 - Bellissiphézagor

La sorcière s'éloigna vers l'une des façades de la pyramide. Une porte translucide coulissa silencieusement sur la paroi de verre pour la laisser pénétrer dans l'enceinte avant de se refermer.

– Quel endroit surprenant ! déclara Dacrymycène. J'ai déjà rêvé d'architectures étranges et irréelles, mais celle-ci dépasse mon imagination.

– C'est étonnant, le verre absorbe les rayons du soleil et nous ne sommes pas éblouis, remarqua Alsestre. Regardez comme le paysage se reflète sur les parois dans sa totalité.

Il s'approcha de la façade pour en toucher la texture. Elle était molle et ses doigts s'enfoncèrent comme dans une épaisse gelée. Il relâcha la pression et la paroi reprit sa place après quelques rebonds.

– Ce n'est pas du verre mais une substance inconnue, murmura-t-il étonné.

Au même instant, une porte apparut et s'ouvrit en silence. Mais personne ne sortit.

– Venez ! Entrons ! s'exclama le chevalier. Je suis trop curieux de découvrir l'intérieur de cette surprenante construction, dit-il à ses compagnons en se tournant vers eux.

Ces derniers le suivirent, hésitants. Mais à peine avaient-ils franchi le seuil que la pyramide s'éclipsa. Ils se retrouvèrent tous au milieu de la clairière comme s'ils ne s'étaient déplacés que de quelques mètres. Personne ne se trouvait aux alentours. Seuls de vieux chênes séculaires et omnipotents les regardaient.

– Approchez, les enfants. Approchez, Messieurs les chevaliers, dit une voix profonde et autoritaire… Voilà qui est bien. Un lourd silence s'installa.

– Etes-vous là, Bellissiphézagor ? se hasarda Odin au bout d'un moment. Nous avons traversé plusieurs mondes pour vous trouver et nous avons besoin de votre aide. Votre fille Ysaline a été enlevée par Agapande. Vous connaissez cette fée puisqu'elle vous a tué. Si nous ne ramenons pas très vite Ysaline chez nous, elle mourra elle aussi.

– Ma fille, dis-tu ? répliqua la voix. Je n'ai pas de fille. Seulement un garçon qui s'appelle Odin.

– Je m'appelle Odin. Mais je ne suis pas votre fils, contrairement à ce qu'a pu vous raconter Astérophora. Mon père est Yezalin, deuxième du nom.

– Montre-moi ta nuque, mon garçon, ordonna la voix.

– Je ne montrerai pas ma nuque à quelqu'un qui n'ose même pas se montrer lui-même ! cria Odin, pris d'une soudaine colère.

À ces mots, un homme d'une quarantaine d'années apparut devant le petit groupe. Il se tenait droit, magnifique et fier. Un cône d'or enserrait sa tête et ses yeux verts brillaient de bonté et d'intelligence, tandis qu'une lumière diffuse éclairait son doux visage à la peau d'ébène. Contre ses mollets, la chatte Astérophora agitait sa queue. Elle frottait son museau sur la toge de velours rouge et or qui tombait en plis harmonieux depuis les épaules du mage.

– Acceptes-tu de me montrer ta nuque maintenant que je suis là devant toi ? demanda l'homme d'une voix bienveillante.

Odin s'avança, impressionné. Il baissa légèrement la tête. Une main vigoureuse s'empara de quelques-unes de ses mèches de cheveux et les écarta.

– Tu as bien une lune dessinée sur la nuque, et elle regarde le Nord. Tu es donc mon fils, Odin. Tu es l'enfant que j'ai confié à Yezalin et à Laurine, juste avant d'être tué par Agapande.

– Mais… Mais… Qui est ma mère, alors ? bredouilla Odin confus.

La nouvelle venait d'ébranler toutes ses convictions, même si depuis qu'Astérophora lui avait parlé de sa naissance, le doute s'était insinué peu à peu dans son esprit. Comment ses parents avaient-ils pu le laisser dans une telle ignorance ? Lui faire croire qu'il était leur fils, le frère de Justin, de Basphin et de Séraphin ? Et cet homme qui était noir de peau, comment pouvait-il être son père ? Lui, il avait la peau plutôt verte. Quoiqu'un peu caramel, à bien y réfléchir.

Bellissiphézagor le sortit de ses pensées.

– Ta mère est Aïda, le druide de ton village.

Pilgrin eut un mouvement de recul. Il se souvint avec quel empressement Aïda avait dit qu'elle donnerait sa vie pour Odin. Ses paroles l'avaient choqué et peiné. Mais tout s'expliquait, maintenant.

– Aïda n'est pas ma mère, nia Odin. Elle me l'aurait avoué

si elle l'était.

– Tu sais pourtant qu'elle donnerait sa vie pour toi. Elle l'a dit avant notre départ, dit Pilgrin en s'approchant de son ami.

– Pour toi aussi, elle donnerait sa vie. Ne l'a-t-elle pas affirmé ?

– Non. Pas de la même manière. Et puis, souviens-toi qu'elle a fait taire ta mère, Laurine, qui semblait très en colère.

Odin leva ses yeux vers la cime des vieux chênes et repensa tristement au passé.

– Je pense qu'Aïda et tes parents adoptifs, Yezalin et Laurine, ont voulu te protéger d'Agapande, afin qu'elle ne connaisse jamais ton existence et ne se venge pas sur toi, dit Bellissiphézagor avec tendresse.

– Mais alors, Ysaline est ma sœur ? s'exclama brusquement Odin.

– Je ne connais pas Ysaline, répondit le mage.

– Pourtant, Aïda affirme qu'elle est votre enfant, dit Odin avec obstination et assurance en fixant Bellissiphézagor droit dans les yeux.

Pour l'instant, il n'éprouvait aucun sentiment d'affection pour cet homme, qui n'était pour lui qu'un étranger. La tristesse et le désarroi l'étreignaient.

– Alors, Ysaline est ta jumelle, conclut le mage. Je ne vois que ça. Elle a dû naître juste après mon départ.

– Je ne comprends rien à tout ce que vous racontez, murmura Odin, qui parvenait à grand peine à se retenir de pleurer.

Un barrage s'était rompu quelque part dans son cœur meurtri, et ces nouvelles surprenantes bouleversaient son être tout entier. Aïda, sa mère. Ysaline, sa sœur. Ce mage, son père. Un flot de larmes s'écoulait maintenant lentement le long de ses joues. Ysaline… La belle Ysaline… Sa sœur.

Armia s'approcha du lutin, attendrie, et l'entoura de ses bras.

Bellissiphézagor reprit :

– C'était il y a treize années de lutin. Nous étions en pleine guerre contre Agapande. Ta mère et moi étions ensemble et nous devions affronter la jalousie de la fée. Aïda allait accoucher. Une nuit, nous nous sommes réfugiés dans une masure prêtée par Astérophora, dans la forêt de Manakiel.

Il baissa les yeux vers la chatte qui ronronna de plus belle à ses pieds.

– Nous savions qu'Agapande chercherait à enlever notre bébé pour nous faire du mal, reprit-il. Quand l'enfant est né, et c'était toi Odin, je me suis empressé de le remettre à Laurine et Yezalin. Ils étaient d'accord pour faire croire que tu serais leur fils, tant qu'Agapande serait en liberté et pourrait agir. C'était convenu ainsi.

Odin regarda son nouveau père, les yeux noyés de larmes. Pilgrin retenait les siennes. Comme la vie devenait compliquée lorsque l'on grandissait.

45 - Retour vers le passé

Bellissiphézagor continua son discours :

– Quand je suis revenu à la masure après t'avoir confié à tes parents adoptifs, Aïda avait disparu, et Agapande m'attendait. Et elle m'a tué à ce moment-là. Avant de mourir, je n'ai pas résisté à la tentation de lui lancer un sort, tout en sachant qu'il m'était interdit d'agir ainsi. J'étais désespéré. Je pensais que ma bien-aimée avait été tuée elle aussi. J'ai donc atterri au Village des Pas Perdus, pour expier ma faute. Et quelque temps plus tard, j'ai rejoint le Royaume de Lumière. À ce moment, j'ai compris qu'Aïda n'était pas morte. Je l'attends depuis.

– Et Ysaline, dans tout ça ? interrogea Pilgrin.

– Elle a dû naître pendant que je cachais Odin chez Yezalin. Je n'ai jamais imaginé qu'Aïda pouvait attendre des jumeaux. Il fallait faire très vite. Dès que mon fils est né, je l'ai nettoyé, emmailloté et emporté, en laissant ma douce toute seule. Et je n'ai plus jamais revu Aïda, ajouta-t-il dans un triste murmure.

À cette évocation, son visage prit une couleur de cendre. Mais il se ressaisit très vite.

– Ainsi donc, j'ai deux enfants, dit-il ému.

– La vie est parfois pleine de surprises, miaula la chatte à ses pieds.

Bellissiphézagor la regarda sans la voir et soupira :

– Ah, Aïda ! Quelle femme surprenante tu fais !

– Vous seriez aussi surpris de son apparence, dit Pilgrin d'un ton cassant.

Etonné, le mage regarda le lutin.

– Agapande l'a transformée en une vieille souris juste avant de se faire arrêter, expliqua Pilgrin. Et la fée n'a jamais voulu revenir sur son sort. Comme Aïda ne voulait pas qu'Ysaline ait honte d'elle, elle l'a confiée à Fleurine et Néparin en leur faisant promettre de ne jamais dévoiler son identité. Et elle a fait de même avec Odin, semble-t-il, ajouta le petit rouquin en regardant son ami.

Il comprenait maintenant combien le druide avait dû souffrir en prenant de telles décisions.

Bellissiphézagor recula et fit quelques pas dans la clairière. Il réfléchissait.

– Vous avez dit qu'Agapande était dans le Royaume des Ombres et qu'elle avait enlevé Ysaline ?

– Oui, répondit Odin. Elle s'est aussi emparée du cristal de notre village et d'un geai qu'elle a transformé en dragon de glace pour s'en servir de monture.

– Quelle mauvaise fée ! s'écria alors la chatte Astérophora. Pire qu'une sorcière. Bien pire que moi. Il faut agir, Bellissiphézagor !

– Et vite ! Très vite ! ajouta Odin en sortant sa montre. Les deux aiguilles se rejoindront bientôt. Il nous reste seulement quelques heures avant le coucher du soleil. Puis nous serons renvoyés à Harahélin.

– C'est Aïda qui vous a transportés ici grâce à sa magie ? demanda Bellissiphézagor.

– Elle n'a pu que nous envoyer dans le Monde des Songes, expliqua Odin. Ensuite, il nous a fallu trouver une pierre de feu et tomber dans un précipice pour atteindre le Monde Caché. Alsestre et Dacrymycène nous ont aidés dans cette aventure.

Le lutin se tourna vers ses nouveaux amis. Les deux chevaliers, qui étaient jusque-là restés silencieux, s'avancèrent poliment.

– Pour vous servir, Monseigneur, annonça solennellement Alsestre en posant un genou à terre.

Dacrymycène exécuta la même révérence.

– Appelez-moi Bellissiphézagor, voulez-vous ? répliqua le mage. Et relevez-vous, Messieurs les chevaliers. Merci d'avoir accompagné ces deux enfants. Et vous, jeune fille ? demanda-t-il en se tournant vers Armia.

– Armia est notre amie, répondit Odin en s'approchant de l'elfe. Elle nous a sauvés des griffes du cerbère, à l'entrée du Monde Caché.

– Et cette petite m'a permis de te rejoindre, Bellissiphézagor ! s'exclama la chatte Astérophora. Si Odin ne m'avait pas rappelée vers elle, je n'aurais pu annuler mon sort et atteindre le Royaume de Lumière aussi vite. Je l'avais transformée en champignon, lorsque j'étais encore ignorante du Bien.

– Eh bien, Mademoiselle ! Soyez vous aussi la bienvenue dans le Royaume de Lumière, déclara Bellissiphézagor.

– Grâce à Odin, je suis redevenue moi-même. Une elfe, précisa la jeune fille en regardant son ami avec douceur.

– Bon ! coupa brusquement Pilgrin, que toutes ces courtoisies commençaient à lasser. Puisque nous ne pouvons redescendre vers le Royaume des Ombres, comment allons-nous pouvoir délivrer Ysaline ?

– Eh bien, nous allons faire monter Agapande jusqu'ici, répondit le mage.

– Mais tu es fou, Bellissiphézagor ! s'exclama Astérophora. Elle détruira ce lieu sacré avec toute sa méchanceté !

– Peut-être, mais nous n'avons pas le choix.

– Et si elle vient ici sans Ysaline ? s'inquiéta Odin.

– C'est le risque à courir, répondit Bellissiphézagor.

– Mais au fait, pourquoi Agapande a-t-elle enlevé Ysaline et pas Odin ? demanda Armia. Je n'ai pas tout saisi. Logiquement, elle aurait dû enlever Odin également. Ne trouvez-vous pas ?

– Elle a raison, commenta Pilgrin. Oui, pourquoi la fée n'a pas pris Odin avant de se jeter dans le précipice glacé ?

– À mon avis, Agapande ne connaît pas l'existence d'Odin, répondit Bellissiphézagor. Elle doit seulement savoir pour Ysaline. N'oubliez pas que si cette dernière est vraiment ma fille, elle a dû naître après son frère. Au moment où Aïda accouchait, j'ai aperçu un furet à travers la fenêtre de notre masure. Je suis sorti pour l'attraper, mais il m'a échappé. C'était sûrement un sbire d'Agapande. À cette époque, elle utilisait beaucoup d'espions, et elle cherchait à nous retrouver. Le furet a dû la mettre au courant de la naissance du bébé et de notre cachette. C'est pourquoi elle était là quand je suis revenu. Elle a pu me surprendre et me tuer. Mais avant que j'arrive, elle n'a dû voir que le deuxième bébé, c'est-à-dire Ysaline. Pourquoi ne l'a-t-elle pas enlevée à ce moment-là ? Je ne puis répondre à cette question.

– Lauviah et Anauelle, les deux sœurs d'Agapande, prétendent qu'elle est retenue prisonnière dans son château depuis la fin de la guerre de Manakiel. Peut-être a-t-elle été faite prisonnière très rapidement avant d'avoir eu le temps de s'en prendre au bébé ? suggéra Pilgrin.

– Depuis qu'Agapande est plongée dans un profond sommeil, elle peut agir sur nos vies, expliqua Odin. Elle s'empare de nos rêves en y pénétrant. Ainsi, elle nous a surpris dans le nôtre. Aïda, pour fêter nos un et trois c'est-à-dire treize ans, nous avait plongés dans le Monde des Songes après nous avoir fait boire un élixir. Nous devions subir des épreuves durant ce sommeil artificiel.

Le mage porta brutalement les mains à sa tête et se mit à crier de rage.

– Par la magie sereine et puissante de la Vie, c'est donc moi qui ai provoqué cette catastrophe !

Les cinq amis le regardèrent, surpris et affolés. Qu'avait-t-il à voir avec tous ces évènements ?

– Je vous ai dit qu'avant de mourir, j'ai voulu me venger de la fée, expliqua Bellissiphézagor. J'ai utilisé la magie pour faire le mal, et la Lumière de Vie m'a puni, murmura-t-il en baissant la tête, le visage défait.

– Excusez-nous, Mage, marmonna Pilgrin, mais maintenant, c'est la grande nébuleuse. De quoi parlez-vous ? En quoi êtes-vous responsable de ce qui arrive ?

– J'ai envoyé un sort à Agapande. J'ai annoncé qu'elle serait un jour plongée dans la Somniféra, cette terrible maladie des fées qui les endort et les tue lentement, à petit feu. Mais je n'ai pas programmé de date, afin qu'elle vive dans l'angoisse à chaque instant de sa vie.

– La magie de cette fée est puissante, Bellissiphézagor ! intervint Astérophora. Elle a détourné le sort à son avantage. En profitant de son sommeil prolongé, elle est entrée dans le songe des enfants et a enlevé la petite pour pouvoir négocier avec toi sa guérison.

– Oui, c'est cela même ! Tu as raison, Astérophora ! s'écria le mage. Elle détient Ysaline comme monnaie d'échange. C'est la seule explication probable de sa venue ici. Mais elle est bien trop maléfique pour réussir à monter jusqu'au Royaume de Lumière. Elle doit donc être coincée dans le Royaume des Ombres. Nous devons l'aider à monter avant qu'elle ne meure et n'entraîne Ysaline dans sa mort.

– Et comment allons-nous procéder, Monseigneur ? demanda Alsestre.

– En ouvrant un passage directement depuis ce lieu jusqu'au Royaume des Ombres.

– Mais tous les peuples de l'Ombre risquent de nous envahir ! s'écria Astérophora. J'ai laissé des ennemis là-bas, des êtres qui n'ont pas supporté mon revirement !

– Il faut pourtant prendre ce risque, Astérophora, rétorqua Bellissiphézagor. Nous allons inverser le processus d'ascension avec notre magie.

– Mais, Monseigneur, intervint Alsestre, bien que Dacrymycène et moi-même soyons de valeureux guerriers, nous serons vite démunis face aux vampires, aux goules, aux sorcières, aux loups-garous, et à tous les affreux démons qui risquent de surgir en ce lieu saint.

– Soyez sans crainte, preux chevalier ! répondit le mage. Nous ne sommes pas seuls.

À ces mots, il tendit ses deux bras vers les vieux chênes séculaires qui les entouraient. Un sourire éclaira momentanément son visage.

– Vous pouvez apparaître ! cria-t-il d'une voix tonitruante.

Aussitôt, une foule de fées, de mages, d'anges, d'ondines, d'elfes, de lutins, de chevaliers et autres créatures merveilleuses, surgit des bois. C'étaient les Bienveillants du Royaume de Lumière. Tous ces êtres se mirent à hurler de concert :

– Que la magie sereine et puissante de la Vie soit avec vous ! Ô visiteurs gracieux !

Ces mots de bienvenue montèrent vers les cieux tel un chant de louange.

Nos cinq amis furent aussitôt parcourus par un flot puissant d'amour et de vie qui jaillit au niveau de leurs pieds et remonta le long de leur corps avant d'atteindre leur esprit. Ils se regardèrent les larmes aux yeux, abasourdis, submergés par la joie et le bonheur.

– C'est la VIE qui vous parle ! cria Bellissiphézagor pardessus le chant de bienvenue. Laissez-vous gagner par son flux enchanteur. Vivez cette expérience unique !

La foule des Bienfaisants se tut enfin et un silence magnétique s'établit dans la contrée.

– Bien ! reprit Bellissiphézagor à l'intention des cinq compagnons. Maintenant que vous avez été accueillis par mes amis, parlons de ce qui nous attend.

Il se tourna vers les peuples de Lumière et se mit à décrire le plan de la future bataille.

– Nous allons devoir laisser le mal entrer en notre magnifique pays afin d'arrêter Agapande, la fée diabolique qui a enlevé ma fille Ysaline, dérobé le cristal du village d'Harahélin et transformé un malheureux geai en un dragon de glace.

Le mage s'approcha des Bienfaisants. Leurs visages étaient graves et tendus.

– Mes amis, l'heure est tragique ! dit-il en élevant la voix pour que chacun puisse l'entendre parfaitement. Nous allons livrer une terrible bataille aux peuples de l'Ombre. Dès qu'ils pénétreront ici, au fur et à mesure de leur avancée, ils réduiront le paysage en cendres. Malheureusement, nous devrons les laisser faire tant qu'Agapande n'aura pas été repérée parmi eux. Dès que nous aurons la fée en vue, les trolls, les nains et les géants se précipiteront sur l'entrée pour la calfeutrer afin d'arrêter l'invasion. Et tous les autres combattront avec acharnement pour anéantir les êtres vils qui auront osé franchir notre lieu sacré.

Le mage se tut, et pendant un court instant, un silence pesant régna dans l'atmosphère. Puis il reprit :

– Inutile de vous dire que plus vite Agapande aura été localisée, moins d'ennemis nous aurons à combattre.

– Père ! s'écria brusquement Odin.

Il s'était approché de Bellissiphézagor, qui le regardait avec tendresse. Jamais, il n'aurait imaginé prononcer ce mot aussi vite.

– Si la fée a le cristal avec elle, elle sera invisible, expliqua-t-il.

– Il est vrai, acquiesça le mage. Mais tu as le pouvoir de voir l'infiniment petit et le lointain grâce à la lune tracée sur ta nuque, mon enfant. Chaque fois que tu appuies sur elle, tes yeux se transforment et perçoivent ce que nous, nous ne pouvons voir. Ainsi, j'espère que tu sauras débusquer notre ennemie. C'est notre seule chance.

Il se tourna une nouvelle fois vers la foule des Bienfaisants.

– Odin, mon fils, ainsi que ses amis, mèneront la bataille dans les cieux, avec vous les anges, les elfes, les fées et les chevaux ailés. Vous serez leurs escadrilles et les protégerez. Quant à moi, je dirigerai la bataille au sol avec les druides, les lutins, les chevaliers, les géants, les gnomes et les nains, les farfadets, les faunes et les centaures. Bref, tous ceux qui ne peuvent voler.

46 - Prêts pour l'invasion

– Es-tu prête, Astérophora ? demanda Bellissiphézagor.

La foule des Bienfaisants, le mage, la sorcière et nos cinq compagnons se trouvaient face à une petite colline entourée d'arbres-ascenseurs. Ce lieu vénérable était en quelque sorte la butte d'atterrissage du Royaume de Lumière.

– Pourquoi est-ce à moi d'y aller ? implora Astérophora, anxieuse.

– Tu es la dernière arrivée parmi nous, expliqua le mage. Et de plus, tu es une sorcière, une des leurs. Sans vouloir te vexer, bien sûr, ajouta-t-il en prenant la chatte dans ses bras.

– On m'étripera dès mon arrivée là-bas ! miaula Astérophora.

Elle tremblait à cette idée, malgré les caresses de Bellissiphézagor, qui tentait de la calmer.

– Je suis sûr que tu sauras les persuader, murmura doucement le mage. Rien que l'idée de conquérir notre monde leur fera oublier ta désertion. Tu n'auras qu'à dire que tu voulais arriver jusqu'à nous précisément pour connaître le moyen de nous envahir. Et ils t'en seront reconnaissants. Mais, convaincs-les rapidement car le temps presse !

– Je croyais qu'il était impossible de descendre de niveau, intervint Alsestre. Et que seule une force inconnue choisissait ceux qui avaient le droit de séjour dans le Royaume de Lumière. Comment allez-vous procéder ?

– Nous allons unir nos énergies, mes amis ! cria Bellissiphézagor en se retournant vers la foule rangée derrière lui. Imaginez un puits qui s'ouvre sur la butte et descend jusqu'aux profondeurs de la terre, pour atteindre le Royaume des Ombres. Dès qu'il s'ouvrira, Astérophora s'y engouffrera. Pendant ce temps, nous irons nous cacher là-bas dans la prairie, derrière les collines.

Il désigna la contrée vallonnée qui s'étendait au sud jusqu'aux montagnes enneigées, puis reprit d'une voix plus forte :

– Quand Astérophora réapparaîtra, ce sera le signe que les peuples de l'Ombre la suivent. Ne bougez pas. Laissez-les entrer tant que la fée Agapande n'est pas visible !

– Nous courons un très grand risque à agir ainsi, Bellissiphézagor ! dit un elfe parmi la foule. Si la fée met du temps à apparaître, nous devrons livrer bataille à beaucoup de démons.

– Je sais, murmura le mage. Mais je ne vois pas d'autre solution. Je pense qu'Agapande est pressée d'en finir, car le temps compte pour elle aussi. Son mal la ronge. Elle ne tardera sûrement pas à pénétrer dans notre monde.

Après une courte pause, il se tourna vers Odin et poursuivit :

– Odin, mon fils, tu iras avec tes amis rejoindre l'armée des anges, des elfes et des fées. Du ciel, tu apercevras plus facilement

Agapande. Dès que tu l'auras trouvée, tu m'avertiras. J'enverrai alors un signal aux géants et aux nains pour qu'ils bloquent le puits et nous donnerons l'assaut à ce moment-là.

– Mais nous n'avons jamais combattu, s'empressa de répondre Odin en regardant Pilgrin et Armia avec inquiétude. Et comment t'avertirai-je une fois dans les cieux si tu restes au sol ?

– Les anges et les fées sauront vous guider, tes amis et toi. Ils vous protégeront du Mal en vous entourant. Pour ce qui est de m'avertir, tu es mon fils. Sache que nous pouvons communiquer par la pensée.

Le mage se tut et regarda Odin fixement.

« M'entends-tu ? lui demanda-t-il, sans desserrer les dents. Si c'est le cas, réponds-moi par la pensée toi aussi. »

Odin ressentit une légère vibration dans ses oreilles, comme une pression subtile, puis la voix de Bellissiphézagor résonna très distinctement dans sa tête.

« Oui, je t'entends », pensa-t-il à son tour en fixant les yeux de son père.

– Très bien, répondit le mage à haute voix. Maintenant, concentrez-vous tous sur le puits.

Les peuples de Lumière se tournèrent vers les arbres-ascenseurs. Leurs visages étaient graves. Bientôt, une lumière irisée les illumina unanimement. Elle s'éleva et plana un instant au-dessus des têtes, puis monta vers le ciel en un lent tourbillon. Armia, Pilgrin, Odin et les deux chevaliers la contemplèrent, émerveillés et hypnotisés. Le courant d'énergie continuait de monter, lentement. Il ondulait comme un serpent et scintillait dans l'azur du ciel. Soudain, il se perdit vers l'infini et replongea vers le sol, pour le transpercer telle une lance. À l'endroit même où il toucha terre, une brèche s'ouvrit et le faisceau s'y engouffra, comme aspiré par un vent violent. Un formidable bruit de bourdonnement jaillit alors des profondeurs. Quelques instants plus tard, la petite butte retrouva son apparente immobilité, sauf que cette fois, un puits s'ouvrait en son centre, à même le sol, au milieu de l'herbe fraîche.

– À toi, Astérophora ! Fais vite ! cria Bellissiphézagor.

La chatte se transforma aussitôt en sorcière, jeta un dernier regard inquiet autour d'elle, et plongea dans le gouffre étroit. La foule se mit alors en mouvement et s'éparpilla en silence dans la direction du sud. Deux chevaux ailés prirent leur envol vers les nuages, portant sur leur dos Alsestre et Dacrymycène. Un troisième s'approcha des trois enfants et les déposa délicatement sur sa croupe avant de s'élancer derrière ses compagnons. Quant aux anges, aux fées et aux elfes, ils se transformèrent en cygnes immaculés et en flamants roses. Bientôt, une multitude d'oiseaux s'envola avec grâce et légèreté vers les cieux, qui se teignirent de taches blanches et rose vif. Armia tourna la tête pour contempler le spectacle.

– Quelle vision féerique et merveilleuse ! murmura-t-elle à l'oreille d'Odin.

– C'est le Royaume de Lumière, Armia. Ne l'oublie pas.

L'immense prairie qui faisait face à la butte sacrée replongea alors dans une paix apparente. Au premier coup d'œil, on ne pouvait imaginer, cachés derrière les collines, les géants couchés à terre, les gnomes et les nains. On ne pouvait apercevoir, dissimulés derrière les rochers, les druides, les chevaliers et les lutins.

On ne pouvait deviner, insinués dans les bois, les faunes, les farfadets et les centaures. Le paysage respirait la tranquillité. Il attendait patiemment, dans le calme. Seuls de grands oiseaux volaient discrètement dans les cieux, dissimulant de temps en temps les rayons du soleil.

47 - Le Mal pénètre le Royaume de Lumière

Soudain, Astérophora réapparut sur la petite butte. Elle se pencha vers le trou qui l'avait vue sortir et fit de grands signes. Bientôt, la première créature du peuple des Ombres jaillit. C'était une goule. Elle s'arrêta au bord de la fosse, indécise. Ses yeux menaçants projetèrent des éclairs dans toutes les directions. Elle huma l'air et, satisfaite, poussa un hurlement terrifiant. S'aidant de ses deux pieds fourchus, elle bondit hors du puits, toutes griffes dehors. Derrière elle, apparut un démon à la queue fendue qui fouetta l'air méchamment, suivi d'un vampire aux canines pointues et sanguinolentes, lui-même bousculé par un chevalier des ténèbres. Ce dernier fut à son tour vivement poussé par une harpie, qui étendit ses ailes de vautour avant de s'élancer furieusement vers le ciel, les serres entrouvertes.

Une nuée noire s'échappait maintenant du puits. Elle se propageait peu à peu sur la butte dans un tourbillon, en crachant des esprits malfaisants qui se répandaient comme une traînée de poudre. Dans un tumulte violent et furieux, toutes ces créatures laides, puantes, cauchemardesques et démoniaques se disputaient pour conquérir la belle et joyeuse contrée du Royaume de Lumière. Des hurlements effrayants, des vociférations glacées et des plaintes lugubres s'échappaient des volutes obscures qui se dispersaient de plus en plus loin du puits et brûlaient tout sur leur passage : l'herbe, les fleurs et les arbres. La joyeuse luminosité de la contrée s'éteignait et ses multiples couleurs disparaissaient. Le Royaume de Lumière suffoquait et mourait sous les assauts furieux des loups-garous, les hurlements enragés des sorcières, les cliquetis terrifiants des dents crochues, des griffes et des squelettes, et les sarabandes ondulantes des fantômes et des âmes en peine.

Cachés plus loin dans les collines ou plus haut derrière les nuages, les Bienfaisants frémissaient d'angoisse et de dégoût devant cet horrible spectacle. Il était maintenant trop tard pour revenir en arrière. Il ne restait plus qu'à attendre le signal d'Odin quand il apercevrait la fée Agapande.

« Mais qu'il fasse vite, par la Vie ! Qu'il fasse vite ! » pensa le père du lutin, anxieux.

Soudain, un immense dragon de glace déploya sa puissante musculature écailleuse et ses ailes givrées au-dessus de la mêlée. La bête s'échappa du voile noir et glauque qui ondulait vers le ciel et serpentait sur la terre. Odin reconnut Victor et porta la main à sa nuque pour appuyer sur l'emplacement de la lune. Sa vision changea immédiatement. Ses yeux se dilatèrent, alors que le monde prenait des reflets mordorés. Pendant un instant, il ressentit un malaise, comme s'il flottait dans l'air, sans repères ni appuis. Puis il tenta de fixer son regard sur le dragon bleuté qui montait vers le zénith. Ses yeux captèrent le monstre volant, et ajustèrent leur profondeur de champ par des saccades brusques, tel un zoom. Bientôt, ils entrevirent, l'espace d'un instant, Agapande dissimulée derrière une grande écaille. Son visage émacié et sa chevelure furibonde la rendaient presque méconnaissable. Elle portait le cristal d'une main contre sa poitrine, et dirigeait de son autre main le lasso du dragon. Soudain, la fée tourna la tête comme si elle sentait une présence, et planta son regard vert vipère dans celui d'Odin. Ce dernier eut un mouvement de recul apeuré. Sa vision se troubla et il perdit sa cible de vue.

« Père ! Père ! hurla-t-il en pensée. Agapande est cachée sur l'échine du dragon ! Tu peux stopper l'invasion ! »

Bellissiphézagor entendit l'appel pressant et il porta un cor à ses lèvres. Au son strident qui en surgit, les géants se redressèrent comme des montagnes et s'élancèrent en quelques bonds vers la petite butte pour refermer le puits. Ils bousculaient, heurtaient, martelaient et écrasaient toutes les créatures féroces qui voulaient s'interposer. Mais des ogres à la laideur repoussante, tout aussi grands et forts qu'eux, surgirent pour leur faire face en déchirant l'air de leurs grognements rauques. L'assaut fut impitoyable et cruel, titanesque. La terre trembla, les cieux grondèrent et gémirent. Bientôt, les géants furent incapables d'avancer face au mur des ogres.

Alors, les nains et les gnomes qui étaient agrippés à leurs bottines sautèrent et coururent ventre à terre vers le puits. Mais des orques et des trolls à la face crasseuse, au corps velu et sale, et aux cheveux hirsutes, s'interposèrent aussitôt en cercle devant le trou pour les empêcher de l'atteindre. De longues dents jaunes sortaient de leurs bouches baveuses, sous leurs groins de porcs. Les nains et les gnomes, pourtant solidement armés et cuirassés, hésitèrent face à cette hargne. Heureusement, Astérophora surgit.

Elle lança une corde d'argent sur la ronde terrifiante et tira si fort que les trolls et les orques se retrouvèrent agglutinés les uns contre les autres, au bord du trou. Elle serra un peu plus sa prise et la brochette repoussante tomba enfin dans la cavité. Les nains et les gnomes se précipitèrent alors pour empêcher tout nouvel envahisseur. Un géant, qui avait réussi à se dégager momentanément, se saisit d'un énorme rocher, qu'il lança vers l'entrée du puits. Ses petits compagnons eurent juste le temps de s'écarter. Le puits était maintenant bouché ! Le géant accourut d'un bond et s'assit sur le rocher. Certains de ses complices le rejoignirent et frappèrent à coups de massue quelques chevaliers des ténèbres qui cherchaient maladroitement à s'approcher.

48 - Le dragon bleu attaque

Voyant que le trou était enfin obstrué, le mage Bellissiphézagor ordonna l'attaque en soufflant dans son cor.

Les peuples de Lumière surgirent alors du ciel et de la terre.

Un bataillon d'archers chevauchant des centaures fougueux dévala la prairie vers les volutes noires qui se répandaient avec obstination. Les archers bandèrent leurs arcs, encochèrent des flèches, et dans des clameurs de guerre, tirèrent sur les avant-gardes de démons, de vampires et de loups-garous. Les druides joignirent à cette pluie mortelle leurs sorts lumineux, tels des éclairs fulgurants. Les lumières sanglantes et sans chaleur frappèrent les cœurs de ceux qui avaient échappé à la première volée de flèches. Dans des hurlements irréels, les créatures terrifiantes tombaient et se déchiraient, sous une fumée noire et palpitante. Elles se désintégraient totalement pour regagner en esprit le Royaume des Ombres.

Cependant, la fumée vaporeuse continuait de se répandre dans la vallée. Elle ne s'arrêtait pas de cracher des démons à une cadence étourdissante. Bellissiphézagor était atterré de voir autant d'êtres malveillants. Qu'importe où ses yeux se portaient, sur terre comme au ciel, leurs rondes fantastiques se déployaient.

Vers le nord, des goules à l'apparence horrible martelaient le sol de leurs pieds fourchus et glaçaient de leurs yeux furibonds le sang des faunes délicats. Au sud, des ombres noires répandaient une odeur de charogne qui incendiait les poumons des dociles farfadets. À l'ouest, les vociférations des gorgones arrêtaient l'élan des lutins, trop petits pour atteindre de leurs dagues leurs chevelures hérissées de serpents entrelacés.

Une clameur assourdissante monta de l'est. Des chevaliers et des géants se lançaient sur les sorcières. Mais ces dernières évitèrent l'attaque en prenant leur envol dans un ricanement guerrier qui résonna, glacial, dans les cieux. Soudain, les silhouettes allongées de gigantesques flamants roses surgirent de l'écume pestilentielle qui les cachait jusqu'alors aux yeux de tous. Les créatures se métamorphosèrent en elfes vaporeux et en ravissantes fées, avant de lancer énergiquement à leurs ennemies une multitude de faisceaux magiques pour tenter de les repousser vers le sol. Mais les sorcières résistaient grâce à leurs balais maléfiques dont elles se servaient comme boucliers. Une volée de lances siffla alors dans leurs dos et vint se planter dans leurs corps. Les chevaliers étaient résolus à se débarrasser d'elles. La plupart des sorcières succombèrent en gémissant, avant de s'effilocher elles aussi en nuée noire, et de disparaître dans le Royaume des Ombres.

Odin et ses amis, cachés derrière un nuage et des escouades de cygnes, assistaient impuissants aux affrontements, quand de nouvelles créatures ailées surgirent en hurlant de la fumée sombre et ouvrirent leurs serres coupantes en direction des formations protectrices d'oiseaux. C'étaient les harpies. Les cygnes leur répondirent par des sifflements de serpent, tandis qu'ils reprenaient forme d'ange en un bruissement de plumes. Puis leurs ailes blanches vinrent heurter celles des êtres mi-femmes, mi-rapaces dans un corps à corps fracassant. Lentement mais sûrement, ils repoussaient la résistance des harpies et protégeaient les lutins et l'elfe.

Soudain, le dragon de glace plongea dans le tourbillon indistinct des plumes. Son rugissement jeta un fluide glacial sur un bataillon d'anges. Les créatures en furent figées sur place et tombèrent au sol en mille morceaux de glace. Dans le même temps, la queue du monstre volant désarçonna Dacrymycène et Alsestre, qui tentaient d'écharper avec leurs épées quelques sorcières survivantes. Les deux chevaliers furent projetés contre un groupe de harpies qui, sous la violence du choc, s'écrasèrent en vociférant plusieurs mètres plus bas, sur des rochers, tandis que les chevaux ailés plongeaient d'un bond vers leurs deux cavaliers pour les rattraper. Alsestre réussit à saisir un étrier, Dacrymycène un bout de harnais, et ils se remirent en selle.

Le dragon se précipita alors vers le sol et chargea par-derrière les archers et les centaures, prêts à décocher une nouvelle série de flèches. Avant qu'ils aient eu le temps de comprendre ce qui leur arrivait, le monstre projeta un puissant jet gelé qui les immobilisa tous dans leur élan. Puis il décolla rapidement et évita de justesse l'éclair fulgurant qui venait de fuser des doigts de Bellissiphézagor.

« Odin ! Odin ! cria ce dernier en pensée. Je viens de voir

le dragon. Il était seul mais la fée doit être avec lui, invisible. Ils sont partis vers le nord. Il faut absolument les neutraliser. Attire-les vers les collines où nous nous trouvions tout à l'heure avant l'invasion. Nous allons les piéger. »

« Je t'entends, Père ! » répondit le lutin, soulagé de pouvoir enfin participer à la bataille.

Il répéta tout de suite à Armia et Pilgrin les ordres de Bellissiphézagor et mit la main à la base de sa nuque. D'un geste, il fit également signe aux anges majestueux qui les accompagnaient de s'élancer à leur suite. Puis il chercha la fée de son nouveau regard perçant. Il l'aperçut enfin sur son dragon, toujours dissimulée derrière une écaille, luttant contre une armée d'elfes et contre les attaques répétées d'Alsestre et de Dacrymycène.

– Pilgrin, sors vite l'appeau pour imiter le cri du geai ! hurla-t-il en dirigeant son cheval vers le monstre de glace. Avec un peu de chance, Victor sera ému et cherchera à le suivre.

Tout en disant ces mots, Odin sortit de sa poche l'élixir de Lauviah et d'Anauelle et le confia à Armia.

– Tu jetteras son contenu sur la fée ! cria-t-il. Je te montrerai l'endroit exact où elle se tient !

Le cheval ailé se trouvait à présent juste devant le dragon. Il heurta de ses sabots le poitrail gigantesque de la bête, et vira brutalement pour éviter la gueule géante qui s'ouvrait pour l'avaler. D'un coup d'aile, il atteignit ensuite l'une des oreilles du monstre, tandis que Pilgrin sifflait de tous ses poumons dans l'appeau, qui imitait à merveille le cri du geai. Le dragon rugit et se cabra brusquement pour tenter d'attraper le curieux attaquant. Mais en vain. Ce dernier, dirigé par Odin, bifurqua vers sa croupe et se jeta sur la fée.

– À toi, Armia ! ordonna le lutin en montrant l'endroit où lancer le précieux liquide.

Agapande suffoqua tout de suite sous le jet de l'élixir. Elle se revit enfant et se mit à pleurer en repensant à sa mère, désespérée d'avoir mis au monde une petite aussi méchante. La fée lâcha alors les rênes pour éponger les nombreuses larmes qu'elle ne contrôlait plus et le dragon profita de cette nouvelle liberté pour suivre le drôle d'oiseau blanc aux fers étincelants qui l'avait attaqué. Au fond de son esprit, il savait qu'il ne devait pas laisser échapper cet animal dont le cri lui rappelait un sentiment connu. Son cœur pleurait de désespoir. Alors que le harnais rongeait de plus en plus sa chair, il aperçut bientôt des collines et surprit sa proie, qui s'enfonçait sous les arbres. Affolé, il contracta ses muscles et plongea lui aussi dans les bois, toujours à la poursuite de ce cri familier qui émouvait son cœur. Il frôla le sol, manqua de heurter ses ailes contre des rochers, ratissa la terre de coups de griffes et ralentit enfin sa course. Au loin, majestueusement dressé sur ses pattes arrière, le magnifique cheval avait déployé ses ailes immaculées. Il l'appelait par un nom qui résonnait amoureusement dans ses entrailles. Ce nom était Victor. Il le connaissait bien. Il en était certain, maintenant. Il s'agissait de son propre nom. Plus que quelques arbres à franchir et il pourrait enfin atteindre sa proie…

Mais une douzaine de cordes d'argent furent projetées autour de son cou. Elles l'agrippèrent avec force, manquant de l'étrangler. D'autres liens s'enroulèrent autour de ses membres et enfermèrent ses ailes. Angoissé et désespéré, Victor poussa un beuglement en contemplant le cheval qui se dressait face à lui, majestueux. Une cascade d'eau gelée jaillit de ses entrailles. La dernière. Elle retomba mollement devant Odin et ses amis, mais ne les atteignit pas.

49 - Agapande retrouve Bellissiphézagor

– Agapande, descends du dragon ! cria une voix tonitruante. Nous savons que tu es là !

Personne ne répondit. Victor balançait sa tête dans tous les sens pour tenter d'arracher ses liens, mais chaque mouvement l'étranglait un peu plus. À chaque effort, il manquait de s'étouffer dans ses râles givrés.

– Agapande ! Libère tout de suite ce dragon et rends-lui son apparence de geai ! Et restitue le cristal d'Harahélin !

– Qui me parle ? hurla brusquement la fée. Qui êtes-vous ?

– C'est moi, Bellissiphézagor !

– Je ne vous crois pas ! Montrez-vous !

– Agapande ! Je sais qu'il te reste très peu de temps à vivre. Tu es atteinte de la Somniféra. Fais ce que je te dis ! Réapparais et délivre ce dragon ! Ensuite, je me montrerai !

Un silence profond, entrecoupé par les cris étouffés de Victor, suivit ces dernières paroles.

– Agapande ! Tu vas mourir ! Le dragon aussi ! Dépêche-toi d'obéir ! reprit Bellissiphézagor au bout d'un moment.

La fée surgit alors brusquement aux pieds du dragon. Son visage émacié avait perdu toute sa beauté. Des cernes profonds creusaient ses yeux fiévreux. Elle grelottait, malgré la chaude fourrure de sa robe. Ses cheveux dégoulinaient tristement le long de son cou et de ses épaules, comme des lacets usés et sans éclat. L'élixir qu'elle venait de recevoir sur le visage lui avait ôté ses dernières forces. Elle murmura péniblement :

– Montre-toi, Bellissiphézagor ! Sinon, je tue d'un coup de baguette magique les trois enfants perchés sur le cheval ailé que je vois là-bas dans la prairie.

Elle brandit avec maladresse un bras qui tenait à grand peine son arme favorite.

– Inutile de proférer des menaces, Agapande ! Me voici !

Le mage apparut aux côtés de la fée et confisqua doucement sa baguette.

– Rends-moi cet objet, Bellissiphézagor, murmura Agapande d'une voix sourde et fatiguée.

– Pour l'instant, tu n'en as pas besoin. Regarde-toi, tu es en train de mourir.

– Je sais, soupira la fée en plantant ses yeux tourmentés dans ceux du mage. Mais si je meurs, sache que ta fille Ysaline mourra aussi. Il faut donc que tu me guérisses.

– Où est Ysaline ? demanda Bellissiphézagor.

– Tu me prends pour une idiote ? Si je te dis où je l'ai cachée, tu me laisseras mourir.

– Non, tu as ma parole !

– Je n'ai que faire de ta parole. Guéris-moi ! Un point c'est tout.

– Pas avant que tu délivres Victor et que tu nous rendes le cristal, conclut Bellissiphézagor. Si tu veux que je fasse un geste pour toi, tu dois faire preuve, toi aussi, d'un peu de bonne volonté.

Agapande soupesa un instant la proposition. Elle réalisa qu'elle possédait encore un atout : la petite Ysaline. Le mage avait raison. Elle devait se montrer plus conciliante pour obtenir d'être guérie. Ou dans moins d'une heure, sa vie s'éteindrait. Après une dernière hésitation, elle ouvrit l'escarcelle qu'elle portait sur la hanche et en sortit le cristal qu'elle remit à Bellissiphézagor. En échange, ce dernier lui tendit sa baguette.

À ce geste, Astérophora s'approcha brusquement. Derrière elle, plusieurs membres du Royaume de Lumière surgirent de leurs cachettes dans un sursaut d'étonnement, prêts à intervenir. Odin, Armia et Pilgrin, qui s'étaient avancés discrètement, s'éloignèrent vivement pour se dissimuler derrière des êtres de Lumière.

– Tu es fou, Bellissiphézagor ! Tu lui rends sa baguette ? s'exclama Astérophora.

– Qu'est-ce qu'elle a, la mémé ? murmura Agapande narquoise. Tu as peur que je te transforme en punaise, Astérophora ? C'est bien toi qui es venue nous chercher et qui nous as entraînés dans cette bataille. Tu savais où tu nous menais.

– Ne voulais-tu pas retrouver Bellissiphézagor, espèce de folle furieuse ?

– Allons, Mesdames, calmez-vous ! s'écria le mage en s'interposant. Agapande, délivre le geai du mauvais sort, rends-moi ensuite la baguette ! C'est un ordre, dit-il d'une voix tranchante.

La fée maugréa et dressa brusquement dans les airs son instrument magique en prononçant des incantations incompréhensibles. Le dragon se mit alors à hurler en se tordant dans des contorsions horribles. Ses cris d'angoisse firent frémir l'assemblée. Puis un éclair foudroyant tomba sur lui et le cacha un moment aux yeux de tous dans une lumière aveuglante. Lorsque l'illumination prit fin, un geai au plumage carmin apparut à sa place, ridiculement petit comparé à la taille du monstre. L'oiseau émit des cris discordants et apeurés et la plupart des membres de l'assistance portèrent leurs mains aux oreilles pour les protéger de la puissante plainte. Mais heureusement, le geai ne tarda pas à prendre son envol et les êtres de Lumière furent enfin soulagés.

À cet instant, Alsestre et Dacrymycène atterrirent. Le chevalier rouge sauta de sa monture et s'écria, enthousiaste :

– Bellissiphézagor, nous avons stoppé l'invasion ! Plus aucune créature du Royaume des Ombres ne traîne ses guêtres dans cette contrée. Mais ton monde a subi de grands dégâts. Une bonne partie de la vallée est brûlée et l'odeur pestilentielle qui y règne mettra longtemps à se dissiper.

Il reprit à l'adresse d'Agapande :

– Mais qui voilà ? Ma chère épouse Agapande ?

À ces mots, Bellissiphézagor redressa un sourcil, stupéfait, tandis qu'Astérophora ouvrait une bouche édentée et ahurie.

– Ton épouse, dis-tu ? bafouilla la sorcière. Pourquoi ne nous avoir rien dit ?

50 - Partir vers le Royaume des Ombres

Alsestre baissa la tête, honteux.

– Vous ne m'auriez pas fait confiance si je vous l'avais dit, expliqua-t-il en contemplant sa belle. J'ai épousé cette beauté il y a quinze ans. À l'époque, j'étais fou amoureux d'elle malgré sa méchanceté, je dois le reconnaître. Et j'ai tant insisté qu'elle a finalement accepté de prendre ma main. Mais par dépit amoureux, car j'ai toujours su qu'elle t'aimait toi, Bellissiphézagor. Maintenant que je te connais, je comprends pourquoi.

Le chevalier se tourna vers le mage à la peau sombre et posa une main sur son bras.

– J'avais accepté ce fait inexorable, trop heureux de vivre aux côtés de celle que j'aimais. J'espérais que le temps jouerait en ma faveur, que mon amour la rendrait meilleure et qu'elle finirait par t'oublier. Pourtant, elle est devenue folle de rage le jour où elle a appris que tu épousais Aïda, son amie d'enfance, devenue son ennemie jurée. C'est pourquoi elle m'a abandonné. Mais j'ignorais qu'elle partait en guerre contre les lutins. Et encore moins qu'elle avait l'intention de vous tuer, toi et toute ta famille, Bellissiphézagor. Crois-moi. Sinon je l'en aurais empêchée.

Alsestre s'avança alors vers la fée.

– Les années ne t'ont pas abîmée, ma chère Agapande. Mais tu avais le teint plus frais lorsque je t'ai connue.

Il s'approcha du visage de la fée pour en caresser la joue. Sa main descendit avec délicatesse sur le cou, glissa lentement sur l'épaule, traîna le long du bras et brusquement, se saisit de la baguette d'Agapande.

– Tiens, Astérophora. Prends-en bien soin ! s'écria-t-il en lançant le bout de bois à la sorcière.

Astérophora ricana farouchement alors qu'Agapande manquait de défaillir sous le geste brutal de son ex-époux. Épuisée, la fée tomba à genoux.

– Je vois que tu n'as pas changé, toi non plus, murmura-t-elle à Alsestre. Toujours altier, fougueux et fourbe ! Méfie-toi de cet homme, Bellissiphézagor, ajouta-t-elle un peu plus fort. Il est jaloux de toi !

– Moi, jaloux ! Cette époque est révolue, ma pauvre Agapande, se moqua le chevalier.

– Oui, tu es jaloux. Parce que tu sais que je n'ai jamais pu t'aimer. Je t'ai toujours préféré Bellissiphézagor.

– Au point d'essayer de tuer mon Aïda et mes enfants ! intervint le mage furieux. Au point de me tuer !

– Tes enfants, dis-tu ? interrogea la fée étonnée en relevant la tête.

– Je veux parler d'Ysaline, se reprit aussitôt Bellissiphézagor.

« Surtout ne dis rien, Odin ! cria-t-il en pensée à son fils. Ne dis rien ! »

Le lutin entendit les paroles de mise en garde qui résonnaient fortement dans sa tête. Il se cacha un peu plus dans le bois, derrière un géant. Un mouvement de foule discret s'opéra ensuite pour le camoufler, ainsi que ses deux amis.

– Bellissiphézagor, je me meurs. Fais quelque chose, je t'en supplie, murmura Agapande en défaillant.

Puis elle s'écroula au sol. Alsestre se pencha vers elle et la redressa contre lui. Sans ménagement. La fée se laissa faire, telle une poupée de chiffon.

– Bien joué, Agapande, mais ça ne prend pas ! cria le chevalier rouge. Je vais m'assurer que tu ne t'échapperas pas en te ligotant à mon poignet.

Il sortit un lacet de cuir qu'il sangla avec rapidité.

– Laisse, Alsestre, intervint Bellissiphézagor. Je pense qu'elle se meurt vraiment. Il faut la sauver, sinon nous perdrons Ysaline. Je n'ai pas le choix. Je dois la sauver, répéta-t-il comme pour se convaincre.

– Raison de plus pour la tenir solidement attachée, s'exclama Alsestre. Et toi, garde bien la baguette, Astérophora ! ajouta-t-il à l'adresse de la sorcière. Surtout, ne la perds pas !

Bellissiphézagor s'approcha d'Agapande et lui prit le visage à deux mains. Il comprima fortement les tempes de la malade jusqu'à ce qu'elle lâchât une plainte de douleur. Puis il recula et la regarda intensément. Petit à petit, le visage de la fée reprit des couleurs, ses lèvres se colorèrent, ses cernes s'effacèrent, ses yeux brillèrent d'un éclat nouveau et sa magnifique chevelure retrouva ses reflets sombres et étincelants.

– Merci, Bellissiphézagor. Merci, souffla-t-elle d'une voix à peine audible.

– Dis-moi où se trouve Ysaline, maintenant, ordonna le mage. Où l'as-tu cachée ?

– Dans le Royaume des Ombres.

– Quoi ? s'écria Astérophora.

– Et où voulais-tu que je la mette, vieux clou ? lança Agapande en fusillant la sorcière de son regard venimeux. Elle est dans une grotte, gardée par des salamandres derrière une barrière de feu.

– Tu dois nous y amener, Agapande, intervint Alsestre. Tu n'as pas le choix.

– Nous ne pouvons plus passer par le puits, dit tristement Bellissiphézagor. L'ouvrir de nouveau, c'est laisser entrer l'enfer.

– Mais il faut absolument se rendre dans le Royaume des Ombres ! Il faut sauver Ysaline ! s'écria soudain une petite voix éplorée.

Odin venait de sortir de sa cachette et s'avançait vers les adultes, suivi d'Armia et de Pilgrin. Il s'était retenu à temps pour ne pas ajouter « ma sœur » à la fin de sa phrase.

– Oui, nous devons aller chercher notre amie ! ajouta Pilgrin, qui avait relevé la maladresse d'Odin.

– Mais comment faire ? s'interrogea Bellissiphézagor.

– Nous creuserons un nouveau trou, intervint Astérophora. Tant que les géants maintiennent le rocher qui bouche le puits, nous sommes tranquilles.

– Mais nous ne pouvons creuser qu'à l'endroit sacré de l'atterrissage, objecta le mage.

– Qu'à cela ne tienne, Monseigneur ! dit Alsestre. Nous creuserons juste à côté du premier puits. En ce moment même, les viles créatures s'acharnent à déplacer le rocher. Avec un peu de chance, elles ne se rendront compte de rien.

– Oui, vous avez raison. Nous n'avons pas le choix, mes amis ! conclut Bellissiphézagor en élevant la voix et en se tournant vers la foule. Nous allons retourner sur la butte et creuser un nouveau puits. Mais cette fois, nous opérerons le plus silencieusement possible.

D'un seul mouvement de tête, les êtres de Lumière acquiescèrent. Alsestre bouscula Agapande pour la faire grimper sur son cheval ailé. Dacrymycène, Odin, Pilgrin et Armia empoignèrent les deux autres montures. Bellissiphézagor s'installa sur le balai d'Astérophora. Les anges, les fées et les elfes prirent leur envol. Les archers, les druides et les chevaliers se hissèrent sur les centaures, qui partirent au galop. Les géants se penchèrent vers les nains, les farfadets et les gnomes, et les rangèrent dans leurs poches, sur leurs bottes, sur leurs épaules et dans leurs cheveux. Et tous s'enfoncèrent dans les bois en courant, en volant ou en bondissant, en direction de la butte.

Quelques minutes plus tard, les êtres de Lumière se retrouvèrent autour du puits. Ils contemplèrent un instant le paysage désolé autour d'eux. Tout était entièrement brûlé. Le sol fumait par endroits et dégageait une odeur répugnante. Quant au soleil, il avait disparu derrière des nuages méchamment sombres.

On pouvait entendre sous terre les vociférations et les braillements des créatures malfaisantes.

– Messieurs ! chuchota Bellissiphézagor en s'adressant aux

géants qui surveillaient le puits. Nous avons encore besoin de vous. Nous allons creuser un second trou juste à côté du premier. Dès que nous en aurons franchi l'entrée, vous le refermerez lui aussi avec un rocher et vous maintiendrez la pression afin d'éviter toute invasion. Quand je serai de retour, je m'occuperai de boucher les deux puits définitivement. Mais en attendant, vous protégerez ces entrées sur notre monde en les maintenant bien fermées.

Les géants qui se tenaient debout acquiescèrent d'un signe de tête, tandis que celui qui était assis sur le rocher bouchant le puits s'y calait un peu plus fermement, d'un air débonnaire et satisfait. Le mage se tourna alors vers la foule et murmura :

– Pensez à un nouveau trou… mais surtout, creusez en silence !

Comme ils l'avaient déjà fait quelque temps plus tôt, les êtres de Lumière se concentrèrent avec sérénité. Bientôt, une lumière surgit de leurs visages et monta lentement vers le ciel sombre. Les nuages se déchirèrent pour la laisser passer, libérant par là même les rayons du soleil, qui plongèrent vers la terre et la réchauffèrent immédiatement. L'onde lumineuse dansa un moment dans les airs, telle une spirale, puis s'élança en direction de Bellissiphézagor comme pour le foudroyer. Mais elle se planta à ses pieds et pénétra le sol, à quelques mètres du premier trou. Aucun son ne jaillit du forage. Quelques instants plus tard, l'onde s'évanouit. À l'endroit où elle avait touché terre, un nouveau gouffre était apparu.

– Gardez bien l'entrée ! ordonna Bellissiphézagor d'une voix étouffée en se tournant vers les géants puis vers les êtres de Lumière. Alsestre et Dacrymycène, ceinturez Agapande et suivez-moi de près ! Odin, Armia et Pilgrin, restez groupés près de nous ! Et toi, Astérophora, tu ouvres la marche.

– Encore moi ? s'étonna la sorcière.

En guise de réponse, le mage lui jeta un regard furibond. Sans plus attendre, Astérophora plongea la première dans la cavité.

51 - Les salamandres

Un vent puissant les aspira aussitôt à l'intérieur d'un boyau obscur. La descente infernale ne dura que quelques minutes, mais fut assez longue pour terroriser Armia, Pilgrin et Odin, qui n'avaient jamais ressenti une telle sensation de vertige. Astérophora réussit à s'approcher d'eux et à leur tendre son balai. Ils s'y accrochèrent et se sentirent aussitôt en sûreté, car le balai magique de la sorcière les enveloppait d'une chaleur rassurante.

Subitement, leurs pieds touchèrent le sol. Il était glacial. La sorcière releva son balai qui était tombé et entoura les enfants de ses deux bras efflanqués. Le mage, les deux chevaliers et Agapande les rejoignirent. L'endroit était hostile et baigné par les ténèbres, mais malgré l'obscurité, on distinguait une trace sur le sol gelé qui cheminait vers un bois aux arbres décharnés et repoussants.

– Il n'y a personne, s'étonna Dacrymycène.

– Ils sont tous dans l'autre puits, à tenter de l'ouvrir, répondit Alsestre. Où devons-nous aller, Agapande ? demanda-t-il avec autorité en se tournant vers la fée.

– Dans ce bois. Je le reconnais. Il faut marcher quelques

minutes avant d'atteindre les falaises. Des grottes sont creusées dans la roche.

Odin tira la manche de son père. Il tenait sa montre serrée dans une main.

– Il nous reste moins d'une heure. Peut-être une demi-heure, murmura-t-il.

– Pourquoi une demi-heure ? demanda Armia. Que veut dire ce délai ?

Odin regarda tristement son amie. Il savait que très bientôt, il quitterait ce monde. Peut-être, ne reverrait-il plus jamais l'elfe gracieuse. Comme elle lui manquerait ! Arriverait-il à l'oublier ? N'ayant pas le courage de lui expliquer toutes ces choses, il préféra répondre :

– Dans moins d'une heure, Ysaline ne sera plus. Notre druide Aïda nous a avertis qu'elle pouvait rester endormie indéfiniment dans la réalité si nous ne la réveillons pas à temps.

– La réalité ? Qu'est-ce que cela ? s'étonna Armia.

– Vous êtes trop curieuse, jeune fille ! intervint Alsestre. Sachez, qu'en ce moment même, nous tous ici présents, sauf Astérophora et Bellissiphézagor, qui sont des êtres du Royaume de Lumière et donc du Monde Caché, sommes en quelque sorte des invités. Nos vraies vies, comme celles d'Agapande, d'Odin et de Pilgrin, se situent ailleurs. Dans la réalité, justement.

– Je ne comprends rien de rien à tout cela ! s'exclama Armia, complètement désorientée.

– Vous comprendrez bien assez tôt, Mademoiselle, murmura Bellissiphézagor. Pour le moment, nous sommes un peu pressés pour passer plus de temps à vous expliquer le pourquoi du comment.

Alsestre reprit :

– Allez, Agapande, dépêche-toi de nous montrer le chemin ! Astérophora, tu as toujours sa baguette ?

La sorcière caressa un pan de sa robe et prit une mine réjouie en redressant son menton couvert de verrues. Agapande la regarda avec aversion et s'élança sur le chemin.

Quelques instants plus tard, le petit groupe pénétrait dans le bois lugubre et avançait avec précaution sous les ombres menaçantes de ses occupants. Au fur et à mesure qu'il progressait, les arbres se raréfiaient. Puis des silhouettes de falaises se dessinèrent enfin dans le ciel sombre.

– Ysaline est cachée dans cette grotte, là-bas, dit Agapande avec assurance.

– Passe la première, ma belle ! Si tu nous mens, sache qu'il t'en coûtera ! s'exclama durement Alsestre en resserrant son étreinte.

– Je dis la vérité. Elle est endormie dans une cache au fond de la cavité, mais il faudra affronter les salamandres si nous voulons franchir les flammes qui encerclent la petite. Et ces bestioles ne sont pas commodes.

– Nous verrons cela, dit Bellissiphézagor.

Le petit groupe marcha vers l'entrée de l'excavation. Des lueurs dorées décrivaient des arabesques dansantes sur les murs intérieurs. Astérophora s'exclama :

– Je n'aime pas ça du tout, Bellissiphézagor ! Est-ce que cette magicienne ne serait pas en train de nous piéger ?

– Il n'y a pas intérêt ! intervint Alsestre en poussant devant lui son ex-épouse. Allez, Agapande, avance !

Des grondements caverneux surgirent du fond de la grotte, tandis que la chaleur se faisait plus intense et devenait insupportable.

– Les salamandres nous attaquent ! Et je n'ai pas ma baguette pour les neutraliser. Elles arrivent, attention ! hurla la fée en s'agrippant à Alsestre.

Une douzaine de lézards à la peau visqueuse et parsemée de taches jaunes et noires avaient surgi. Leurs têtes affreuses tenaient à la fois du singe et du cochon et leurs griffes acérées s'agrippaient à la roche. Ils couraient à une vitesse fulgurante sur les murs et le plafond de la grotte.

52 - Ysaline

Odin, Armia et Pilgrin reculèrent prudemment jusqu'à l'entrée de la cavité.

Alsestre serra sa main sur le pommeau de son épée tandis que Dacrymycène faisait tournoyer la sienne dans l'air brûlant. L'arme s'embrasa sous l'éclat des flammes qui avaient suivi les salamandres. Elle frappa et tua six monstres d'un coup, en prenant la couleur cramoisie du sang. Alsestre, lui, transperça le ventre d'un autre reptile qui s'apprêtait à bondir sur les enfants. Le cri d'agonie de la bête résonna dans tout l'antre.

Aussitôt, Bellissiphézagor et Astérophora projetèrent une volée d'éclairs froids en direction du feu, qui fut étouffé sous la glace. La température de la grotte descendit immédiatement cependant que les ténèbres envahissaient l'endroit. Seules les faibles lueurs provenant de l'entrée et les taches jaunes phosphorescentes des cinq dernières salamandres éclairaient désormais l'intérieur de la grotte.

Soudain, Astérophora reçut le souffle empoisonné d'une des bestioles. La peau de son bras se mit aussitôt à enfler. Crispée par la douleur, elle releva sa manche pour ôter les tissus qui touchaient sa brûlure. Bellissiphézagor se jeta sur son bras et lui envoya un rayon doux et bleuté de guérison. Mais dans son mouvement, il bouscula la sorcière et fit tomber la baguette d'Agapande, qui était cachée au fond d'une de ses poches. L'objet rebondit discrètement sur le sol.

Personne ne vit la scène dans la pénombre… sauf Dacrymycène.

Aussitôt, le chevalier se débarrassa vivement d'une salamandre en lui tranchant la tête, puis de deux autres, avant de réussir à cacher l'objet précieux sous son pied. Puis, il se pencha discrètement pour le ramasser, le regard brillant d'un nouvel éclat. Il se tourna alors vers Agapande qui, ligotée à Alsestre, subissait les mouvements saccadés de sa lutte contre les deux derniers lézards. Tout en s'approchant du couple, il lança à la fée un clin d'œil malicieux et lui tendit la baguette, tandis que le chevalier rouge mettait en pièces son dernier adversaire.

– Non ! hurla Armia, qui avait surpris le geste de trahison depuis l'entrée de la grotte.

Mais il était trop tard. Agapande s'empara de la baguette et trancha le lien qui la maintenait prisonnière au poignet de son époux.

Dacrymycène prit la main de la fée et bredouilla, honteux, les larmes aux yeux :

– Pardonne-moi, Alsestre, mon ami. Mais moi aussi, j'ai toujours aimé Agapande. Elle a toujours su qu'elle pouvait compter sur moi.

Agapande brandit sa baguette et cria une incantation. Un panache flamboyant de lumière jaillit de son corps et illumina tous les visages pendant un court instant, avant de l'avaler tout entière dans la nuit avec Dacrymycène.

– Non, Agapande ! Dacrymycène ! hurla Alsestre.

Le chevalier tomba à genoux. Épuisé. Désespéré. Gémissant comme un enfant.

Bellissiphézagor s'approcha de lui et posa doucement une main sur son épaule.

– C'est mieux ainsi. Crois-moi, Alsestre ! dit-il d'un ton apaisant.

Les sanglots du chevalier s'espacèrent peu à peu et un profond silence s'installa. Soudain, Pilgrin bouscula les trois adultes et s'élança vers le fond de la caverne.

– Ysaline ! Ysaline ! Où es-tu ? brailla-t-il.

Odin et Armia se précipitèrent à sa suite.

– Les enfants ont raison ! Dépêchons-nous ! s'écria Bellissiphézagor.

Astérophora empoigna Alsestre par un bras tandis que le mage se saisissait de l'autre. Ils relevèrent le chevalier et s'enfoncèrent lentement dans la pénombre, à la suite des trois jeunes gens. Bientôt, leurs pas s'immobilisèrent. Ysaline venait d'apparaître au fond de la grotte, soutenue par Odin et Pilgrin et suivie d'Armia, qui fermait la marche. La jeune fille avait l'air hébété. Son visage se tournait tour à tour vers les deux lutins. Elle tenta d'ouvrir la bouche, mais aucun mot ne sortit.

– Voici ta fille, Père. Et ma sœur ! dit Odin, d'une voix émue et attendrie.

Bellissiphézagor se pencha vers la fillette et la souleva avec tendresse dans ses bras.

– Ysaline ! Mon enfant !

Ysaline leva des yeux interrogateurs et ensommeillés vers le magicien, puis regarda Odin. Sa fille ? Sa sœur ? Était-ce un rêve ? Se réveillait-elle ? Où étaient passées les deux fées ? Et Aïda, les lutins, les geais, le dragon et la neige ?

Sa vision se brouilla et l'image déjà sombre du visage de Bellissiphézagor qui la contemplait avec amour s'obscurcit dans un voile…

– Ysaline ! Mon enfant !

– Ma petite fille ! Tu es sauvée !

Les yeux d'Ysaline s'ouvrirent et rencontrèrent ceux de Fleurine, de Néparin et de… Aïda.

Tous trois pleuraient, agenouillés auprès d'elle, et noyaient sa petite main de larmes. Derrière eux, se tenaient Odin et Pilgrin, l'air ravi et apaisé. Ils lui sourirent et se jetèrent sur elle pour l'embrasser.

– Nous sommes revenus avec Ysaline ! crièrent-ils ensemble. Nous l'avons ramenée !

Epilogue

Le vieux lutin referma d'une main tremblante son lourd manuscrit. Il s'enfonça dans son fauteuil, le regard perdu dans le feu de cheminée qui réchauffait la pièce. Au milieu des flammes dorées et dansantes, il devina les visages d'Agapande et de Dacrymycène, de Bellissiphézagor et d'Alsestre.

Une petite elfe quitta les bras de sa grand-mère et s'approcha de lui. Elle lui prit la main et la posa sur sa joue.

– Quelle merveilleuse histoire, Papi ! soupira-t-elle.

– N'est-ce pas, ma petite Justine ? Et tout est vrai, ma chère enfant. Tout s'est déroulé exactement comme je l'ai raconté.

Le vieil homme caressa d'un geste tendre les cheveux bruns et courts de l'enfant, qui ressemblait de façon frappante à Armia. Un jeune lutin, à peine plus âgé qu'elle, s'approcha lui aussi pour avoir un câlin.

– Papi Odin, raconte-nous comment tu as ramené mamie Armia du Monde des Songes !

– Ah, mon petit Florentin, cette histoire est très longue ! Elle fera l'objet d'une autre soirée. Il faut aller se coucher, maintenant. Il est tard. N'oublie pas que demain soir, nous fêtons tes treize ans !

Remerciements

Je tiens à remercier les personnes qui ont participé à leur manière à l'aboutissement de mon projet : l'édition de mon premier roman jeunesse.

Chronologiquement, Guillaume Widmann et Fanny Herreras devraient être les dernières personnes sur ma liste. Mais sans mon éditeur et sa gentille et patiente assistante, lecteur, lectrice, tu n'aurais pu lire Le Monde des Songes !
Merci aux enfants suivants qui ont accepté de lire le manuscrit :
Les premiers cobayes ont été mon fils Jonathan et ma fille Chloé. Ils se sont montrés intraitables, en suivant l'intrigue de près et en me menaçant de ne plus lire l'histoire si certains de mes héros disparaissaient. Puis Manon, Thomas et Marie, leurs amis, ont apporté leur critique positive et rassurante.
Je me suis tournée vers mes bibliothécaires Marie-Hélène Gautier et Caroline Bernard, qui ont donné de précieux conseils, comme rencontrer des libraires jeunesse. Merci à Michèle Sarlangue qui a orienté mes lectures d'auteurs jeunesse; à Françoise Guiseppin qui m'a fait un compliment en m'expliquant qu'elle n'aimait pas spécialement les lutins et autres gnomes du genre, sauf dans mon roman; à Virginie Collet qui m'a donné son avis. D'autres personnes, moins spécialisées, ont apporté leur contribution de lectrices attentives : ma maman Josette, mes amies Dominique Rigaud, Patricia Bordais, Sylvie Courtois.
Quand la chasse à l'éditeur a été ouverte, j'ai eu le culot d'adresser des mails à des ténors de la littérature jeunesse. Arthur Ténor a répondu à mes questions d'auteure torturée. Agnès de Lestrade m'a rassurée plus d'une fois. Et Gudule, ma bonne étoile, a carrément consenti à lire mon roman pour ensuite me féliciter. Merci Gudule.
Un autre écrivain poète et ami a accepté lui aussi de lire Le Monde des Songes : merci à Patrick Caujolle pour son enthousiasme et sa conviction quant à une issue heureuse, ce qui m'a redonné confiance. Je n'oublie pas Guilhem, son jeune fils, qui a aussi apprécié le livre.
Des amis m'ont encouragée quand je désespérais : Anne-Laure Cornu, Jean Morzelle et sa femme Claudie qui a fait lire le manuscrit à Mathieu Albor, amateur de Fantasy, et à son fils Laurent Gourion. Leur avis positif a renforcé mon idée que les adultes pouvaient lire Le Monde des Songes. Merci à Martou et à mon mari Christian pour leur soutien lors de la phase finale.
Merci enfin aux professionnels suivants :
Marie Carré, animatrice d'atelier d'écriture. Sylvie St Laurent Vézina, ma tutrice à l'école de qualité, école de rédaction canadienne sur Internet, pour ses corrections et ses encouragements. Je remercie Bruno L. et Christine Denjean pour leurs encouragements.

Dans la même collection

Couverture : Benjamin Lacombe

Couverture : Xavier Collette

Achevé d'imprimer en mai 2010 par EMD S.A.S. (France)
Dépôt légal : mai 2010
N° d'imprimeur : 23208